父母怎样正确教育孩子

陈德军 著

金盾出版社

内容提要

本书共分十二章，每章都通过生动而又典型的事例，帮助初为父母的读者领悟：如何为孩子做好榜样，给孩子健康快乐的心灵指导，顺应孩子的天性、无私地爱孩子、营造一个幸福温馨的家庭。对孩子进行情商教育和孩子从事家务活动等方面进行了阐述，内容详实而全面。

图书在版编目（CIP）数据

父母怎样正确教育孩子/陈德军著 . -- 北京：金盾出版社，2011.8
ISBN 978-7-5082-7012-8

Ⅰ.①父… Ⅱ.①陈… Ⅲ.①家庭教育 Ⅳ.①G78

中国版本图书馆 CIP 数据核字（2011）第 111538 号

金盾出版社出版、总发行

北京太平路 5 号（地铁万寿路站往南）
邮政编码：100036 电话：68214039 83219215
传真：68276683 网址：www.jdcbs.cn
封面印刷：北京凌奇印刷有限责任公司
正文印刷：北京军迪印刷有限责任公司
装订：北京东杨庄装订厂
各地新华书店经销
开本：705×1000 1/16 印张：15 字数：230 千字
2011 年 8 月第 1 版第 1 次印刷
印数：1～8 000 册 定价：30.00 元
（凡购买金盾出版社的图书，如有缺页、
倒页、脱页者，本社发行部负责调换）

教育孩子，先从改变自己开始

对于孩子，每对父母都倾注了无限的爱心，施行了不同的教育方式，目的都是希望孩子能够生长得健壮、聪明、美丽，而且能够成长得顺利。同时，父母们都希望自己的孩子是最棒而没有瑕疵的。但让人感到遗憾和揪心的是，任何一个孩子都不是完美的人，他们都像是"被上帝咬了一口的苹果"。

希望孩子最优秀最好，这是对孩子无限的爱，但这样的状况只在神话里出现。令人感到不可思议的是，父母都不同程度地存在攀比心理，都希望自己的孩子在各方面超过其他孩子，心里才感觉欣慰和平衡。其实，每个孩子都有短处，都不是完美的，但每个孩子也都有自己的长处。重要的是，父母如何看待自己的孩子，孩子其实没有问题的，有问题的是父母对孩子的评判标准。

孩子都是教育出来的，他们的后天如何取决于在后天的努力。这才是最让人感觉到难办的事情，其实也是父母对孩子教育认识的一个新的高度。父母都感觉到自己肩负教育孩子的重担，如果在教育孩子上出了问题，父母不可能亡羊补牢，不知去哪里找到"替罪羊"，即使找到也无济于事。把孩子教育搞好，是一个家庭最重要的成功。孩子如果出现了问题，父母其他方面所有的成功都无法弥补由此带来的挫折、伤痛感，这是父母一生的愧疚。

实际上，养育孩子的责任本身就在父母身上，孩子出现问题，

要从父母身上找原因。父母对孩子的影响是全方位的，要想改变孩子，首先要改变的就是父母。为孩子慢慢适应的环境空间做改变，这是决定孩子命运的最重要的事情。

如果父母将目光转到自己的身上，就会对自己和教育理念的了解不断加深，发现自己有很多特质，有很多从未发现的错误，这些犹如为孩子清理前进的障碍，让孩子的成长更顺利，更自然。在这种因素的主导下，孩子成才似乎成为必然。

在这个竞争激烈和知识经济的时代，我们如何做父母？为人父母其实就是怀揣梦想和责任，把孩子的生命带到远方的人。本书作为一本家教书籍，与其他同类图书不同的是，它融合了中西方教育的智慧精华，结合我国孩子的实际情况，引进了一些先进的教育理念，特别是一些犹太民族的教育智慧，去除了野蛮教育和无原则放任等不合理的做法，更符合中国人的阅读习惯和教育思维，购买此书是广大父母的睿智选择，它定能给您的家庭教育带来福音。

编　者

目　录

第十一章　开启孩子最大的动力源——给孩子进行情商教育

第十二章 让孩子走向自立——家务劳动铸就好习惯

第一章 家长容易陷入的误区
——你对孩子的变化知多少

> 我们常常觉得孩子没有听我们的话，而我们的孩子是否也常常感觉没有人倾听他们说话呢？你究竟了解孩子多少呢？
>
> ——默纳·舒尔

父母希望孩子成龙、成凤，希望孩子在学校受到良好的教育，但他们不承认孩子的问题，更不注意自己的问题，对孩子的问题往往视而不见，不去追究自身的问题，反而埋怨学校教育不力。

别让学校背上黑锅

"很多孩子的成绩糟糕透顶，当然这所学校也很'垃圾'，没有一个学生是出色的。"

"真后悔，我们竟选择了这所学校，老师教育水平低，对孩子难有好的教育。"

"我们每年花不少钱，就是想让孩子受到良好的教育，而孩子的表现却不尽人意。我们对学校失去了信心。"

很多父母对孩子的希望很大，同时也对学校的要求很高，殊不知，孩子大部分的问题形成都出自于家庭环境的影响。父母的日常行为、观念和提供的家庭环境对孩子影响很大，这决定了孩子在学校的表现。

众多的父母把目光盯在学校，却不从自身找问题。其实，学校或许有它们自身的问题，但关系不大，对孩子的影响起到关键作用的还是家庭本身。

我家的女儿叫蟾蟾，读小学六年级，目前在班中成绩排名前五。最近，有一个问题总困扰着我们：小学即将毕业的她究竟上民办初中，还是公办初中。

公办初中离我们家很近，距离的优势打消不了我们的顾虑，主要担心孩子在宽松的学习环境中，上进心不强，容易懈怠，上升的空间有限，影响孩子以后的前途；上民办初中的优势就是，学习抓得紧，成绩好的孩子比较多，大家你争我赶，有一种"人人都在进步"的氛围，缺点就是离家远一些，来回不方便，而且民办的费用比较高，担心孩子的压力太大，怕孩子承受不住。

其实，像例子中的家庭挺多的，这些孩子往往成绩不错，家长怕选择学校错误而影响孩子的前途。对这个问题，专家认为，家长其实不应该先考虑公办中学、民办中学哪个好，而是应该想怎样找一个适应孩子个性、兴趣的

学校，这就需要听孩子的了。当然，学校的位置也非常重要。

家庭的教育对孩子来说，无处不在。父母在孩子面前的言行，无论是不当的言行，还是正确的言行，都被孩子"复制"了拿到生活中"应用"。比如，父母的说话方式、日常行为和思想观念都是孩子关注的对象，都在潜移默化地影响着孩子。他们行为的正确与否，在一定程度上反映了父母行为的正确与否。

很多父母夸大了学校的教育作用，他们给自己的孩子找好幼儿园、好学校，不惜重金。令他们想不到的是，让孩子受到良好教育拼的不是学校，而是与孩子朝夕相伴的家庭。一些父母认为，自己孩子的问题是学校教育不到位所致，或许有这方面的原因，但最关键的还是父母本身。

简单的说，孩子的成才就像生产产品，家庭和学校是有合作关系的不同生产环节。孩子这种特殊的"材料"在被送到学校"加工"以前，质地好坏，是既定的，学校无法改变。父母想要自己孩子成为"大器"，就要进行家校合作，和学校搞好"业务关系"，弄清学校制造大器需要什么样的"材料"，最好再拿回去教育，以适应学校加工的需要……或许这样的比喻不够恰当，但很能说明问题所在。实际上，这样的父母往往忽视自己在教育孩子过程中所起到的关键作用，把黑锅扣在了学校身上，没有发现和解决孩子自身存在的问题。

贴心一刻

1. 相信学校。学校承载着教育孩子的责任，是孩子成长的第二摇篮。学校是世界公认的最佳教育机构，几乎没人可以离开学校的教育。学习生活是人最难忘的经历，校友也是人非常珍惜的朋友。现在，学校已经作为社会一个必不可少的机构而存在着。

2. 不迷信学校。教育孩子时，你不要只管"生产"孩子，不能对孩子后天的成长不管不问，然后把全部的责任都推到学校身上，期望学校还给你一个优秀的孩子，因为这是不可能的，学校生活只是孩子生活的一部分。在家时，父母起码得对孩子进行一些监督。

现代家庭易出现的两个极端

"孩子不打不成器。古人说得好'棍棒底下出孝子'。"

"要想让孩子有出息，就得对他们'下手狠一点'。"

……

很多父母就像上面说的那样，主张对孩子严厉。

孩子不代表父母，更不是父母的私有财产，这些都是人人尽知的道理。一些父母都认为这是对的，他们表面一副通情达理的模样，但在生活中，却认为父母拥有孩子是一个必要的例外。于是，他们干预孩子的一切，要求孩子这样或那样，稍有不顺便喝斥，甚至大打出手，使孩子彻底失去了自由和成长的主动性。

有这样一个父亲，一次他发现孩子把家中的音响"拆坏"的时候，狠狠地把孩子揍了一顿。后来，孩子乖了不少，再也不敢动家中的东西了。这位父亲在家长会上把它像胜利品作为讨论的话题时，让参会的教育主任大皱眉头，严肃地告诉他："你这样做，可能把中国未来的'爱迪生'给毁掉了。"主任的话让这位父亲摸不着头脑。教育主任说："孩子虽然把家中的音响弄坏了，但这正是创造力的一种表现。你不应打孩子，应把握这次机会给孩子建立规则，教给孩子如何做才是正确的。要学会释放孩子的双手，让孩子有动手和动脑的机会。"

除此之外，有多少家长正在做着类似的事情，他们往往把孩子最能表现智慧的一面当成缺陷加以纠正。既让孩子受了皮肉之苦，又扼杀了孩子的创造力思维。

在西方，一切形式的暴力都会被严加限制。男人不能殴打女人，老板不能殴打员工，大人不能虐待孩子，老师不能殴打学生，警察不能凌辱囚

犯……除了正当防卫之外，你不能以眼还眼，以牙还牙。

但很多的中国父母认为父母打孩子是在教育孩子，是天经地义的事情。毫无疑问，孩子在父母的"权威"下，一定程度上会屈服，但这却没有从根本上改变孩子。

可怕的是，大多数的父母通过打骂孩子，总结出来的"教育真理"，"屡试不爽"，被他们用来作为家长之间的教育交流心得。他们甚至回忆起自己年幼时曾被父母所打的情景，并感谢父母当时的教育。由此，他们更加坚定了打骂孩子的教育方式。

如果棍棒底下出孝子，中国应该绝大多数人都是孝子、孝女，实际的情况并非如此。社会中不孝敬老人的例子太多了，甚至出现了几个子女都不赡养老人的情形。显然，棍棒下面出孝子的理论是站不住脚的。

教育孩子时，不打不骂固然不错，但成人的生活环境带来的过于溺爱，照样很麻烦。

有的父母认为教育孩子应采取温和的方式，比如：

"打孩子容易使孩子走向极端，孩子是打不得的。"

"这不是过去那个年代了，再苦也不能苦孩子。"

……

现在，大部分孩子为独生子女，他们是家中的宠儿，是祖父辈两代人相争宠爱的对象。两头受宠的孩子则恣意妄为，屡屡做出出格的事情。甚至大事化小、小事化了。

孩子的问题往往都是受家庭环境形成的，可悲的是，他们的祖父辈却浑然不觉，照旧让孩子我行我素。

在独生子女家庭中，孩子被家人众星捧月般地溺爱着。有时，父辈教育孩子时，不免教训孩子，但往往招来祖辈的祖护。现在，学校和一些教育专家认为，千万不要把孩子交给祖辈带，以免宠坏孩子。这无疑给独生子女家庭敲响警钟。由于在祖辈的干预下，父母很多重要、正当和严厉的教育措施都无法实施，而对孩子的疼爱和放纵却大行其道。这时，孩子往往有恃无恐，犯错被教训时学会了察言观色，两头寻找支持。以后，对孩子来说，什么应该做，什么不应该做，没有自己的底线。而且，孩子由于和成人长时间地生活在一起，缺乏伙伴，缺乏行为和语言上的交流，导致行为、语言和思维出现成人化。

一次，一对父母领着孩子串门，孩子对邻居老人脱口而出：爷爷，你的老婆还和你争吵吗？成人化的语言令人忍俊不禁。孩子的成长是需要伙伴的，父母应想方设法给孩子找一些伙伴，提供更多的机会与同龄的孩子在一起。让他们一起说话，一起学习交流，一起玩耍……体会人与人之间的交往，形成自己的正确认识。

上面是很多父母在教育孩子方面达成的"共识"，甚至把它们当做真理奉行。传统的文化讲究中庸之道，但在教育孩子方面，很多父母却偏向于两个极端：一是，他们信奉"棍棒底下出孝子"、"孩子不打不成器"的教育理念，对孩子严厉管教；二是，他们只有一个孩子，百般宠爱，面对孩子的问题不以为然。

贴心一刻

1. 教育孩子不要太严厉。父母采用严厉的方式教育孩子时，可能一时间非常"奏效"，但对孩子来说可能是一场潜在的灾难，孩子受到的压抑无法诉说，为以后叛逆等心理障碍的形成打下了基础。

2. 教育孩子不要太溺爱。父母采用溺爱的方式教育孩子时，全家可能一时"一团和气"。但等长大时，不能自立的孩子在社会上可能处处碰壁，其中的道理不用说大家都知道了。

不可错过孩子的主要年龄段

我熟知的一对夫妇常年在北京打拼，把孩子放在老家由年迈的父母照料。为了能让孩子更好地成长，他们年初将五岁的孩子从老家接回。其对我说"这个曾经的'留守儿童'，刚来北京时连自己的

名字都不会写，算数学题全是靠猜。"考虑到孩子的将来，这对夫妇很忧虑：没有想到这两三年的时光对孩子的成长很关键。

不久，他们为孩子报了学前班。在学前班里，孩子相较于其他孩子，基本是个"另类"，极少与其他孩子进行交流，不论是交流还是学习，都与其他孩子相差很大。为此，这对夫妇时常内疚，感觉欠了孩子很多。

从中国古代起，我们讲究"三岁看大，七岁看老"，是有道理的。这并不是说孩子长大之后一定会成为高官富贾，它的可贵之处在于真诚的提醒，而不仅仅是未来的预测，强调早期教育的重要性。对孩子而言，如果父母在孩子早期没有尽到教育责任，很可能铸成孩子一生的大错。孩子早期的教育责任尽到了，我们就可以从童年估到孩子一生大致的轮廓。对于留守儿童的父母来说，打工挣钱、做生意获取利润、事业需要……不论以什么借口，离开孩子，不亲自对孩子进行教育，其后果将对自己有不可弥补的损失。

一些权威专家的教育经验是，孩子如果从出生到上小学之前，教育不到位，孩子进入小学后，问题就马上显出端倪。孩子的控制能力、学习能力、交往方式和生活习惯等等，都不能适应学校的生活。此后的几年里，孩子都将是名副其实的"问题生"。

孩子上了小学后，再去改变，是非常困难的一件事。就目前我国教育的条件而言，学校很难将目标和精力集中到每一个孩子身上。不适应学校生活的孩子，学业常以失败而告终，因为学校的管理和评价机制对这些孩子是不利的。所以说，孩子在五岁之前如果教育好了，以后的成长就是"风调雨顺"。

一些教育专家曾经呼吁，父母无论到哪里谋生，一定要把孩子带上。所以，早期父母一定要教育好自己的孩子，尽到自己的监护和教育责任。

进入小学后，父母当然也不能当甩手掌柜，要继续紧盯孩子，不仅仅在学业上盯，还要盯孩子的方方面面。父母对孩子成长的关注就是与各种不利于孩子的潜在灾难较量。不要看别人的孩子多么优秀，孩子的成长也是有年龄段的。父母在教育孩子的过程中，如果抓好了这些重要年龄段，将事半功倍，相反，错过了这些年龄段，孩子将很难补救和改善。

贴心一刻

1. 紧盯孩子

父母在平时要紧紧盯住孩子，不仅盯孩子的学业成绩，还要盯孩子的方方面面。父母对孩子的关注就是与危害孩子的各种行为进行拔河比赛。

2. 与学校合作

父母一定要重视和学校以及老师之间的合作。与学校交流越频繁，对孩子的了解就越深入，越有助于孩子的成长。同时，即使与学校有一些不愉快，也不要轻易对学校老师动怒，毕竟大家都是为了孩子的成长，理性和协调最重要。

只从自己的角度

孩子：昨天睡得太晚，想继续睡一小会儿。

父母：不行，否则要迟到了。

孩子：今天没有什么重要的课，就让我再睡一会吧。

父母：找借口，不论是什么课，都非常重要。

孩子：你不信，去问隔壁家的小海，今天的课可有可无。

父母：你这个懒虫，再不起我就打你了。

……

孩子最后无奈地叹着气，极不情愿地穿衣服。

在生活中，父母对孩子的"清规戒律"太多，一旦孩子的做法没有合乎父母所谓的标准，便强迫孩子做这做那，孩子如敢违背，不惜用上"家法"对待孩子。

这是怎么回事呢？因为父母与孩子之间有太多不同的看法，如果双方都坚持自己的观点，只从自己的角度看问题，就无法达成一致。孩子可能在父母的强迫下屈服，但孩子真的从心里屈服了吗？遇到倔强的孩子，父母可能从心里纳闷，而不认为自己也像孩子那样倔强。

父母教育孩子，如果不了解孩子，无论是什么样的意见、多有意义的事情，都很难让孩子接受。所以，我们做父母的不能仅仅从自己的角度看问题，还要学会用孩子的眼光去看待问题。

不同年龄段的人有不同的需求，老年人处在人生的尽头，他们关注生命的轮回，惧怕疾病的到来；成年人注重利益的得失，关注职位和金钱；孩子天性活泼可爱，生机勃勃，喜欢自由和玩耍。作为父母，如果知道了这一点，就不会对孩子过于严格，毕竟他们也有自己的生活需求。

在日常教育中，父母评判孩子最重要的标准就是听话，然后按照老师和父母的想法去生活。当然，在现代教育理论的熏陶下，很多父母逐渐承认培养孩子生存能力和适应挫折能力的意义，但他们进行实际教育的过程中，仍然希望自己的孩子是"乖孩子"和"好孩子"。他们并没有给孩子从自己的角度生活、自己选择的余地，更不用说培养孩子的独立创造性了。几十年的教育实践表明：大批"乖孩子"走上社会后，毫无建树，他们欠缺的不是智力，而是自主判断和独立思考的能力。

贴心一刻

1. 让孩子有更多选择的机会。父母应将孩子看成独立的个体，给孩子创造一些选择自己行为和做决定的机会。平时，父母要允许孩子有想法，承认孩子的新思维和新做法。父母不能接受孩子的，并不一定是错误。

2. 多肯定孩子。在生活中，父母要满足孩子被赞赏的心理需要，否则，孩子就会感觉很"憋屈"，导致用逆反的方式来发泄心中的不满，处处与父母作对。

3. 给孩子成长的宽松环境。父母不要以为孩子只要不听话，就从品德方面消极评价孩子，甚至对孩子采取更严厉的限制措施，这样做无疑限制了孩子的个性发展。

注意自己容易疏忽的问题

1. 摩擦是不是通常发生在孩子肚子咕咕叫的时候？或是其他，比如，孩子疲劳、刺激太多等等。

2. 他的学习作业是不是太难了，或是太简单了，让其过于受窘，或是过于得意忘形？

3. 孩子的生活是否枯燥无味，感觉没劲才发的牢骚？

4. 你推给孩子的事情太多吗？使孩子像上了发条似的去应付各种事情？

5. 孩子在平时不玩耍吗？课间没有休息，没有做过游戏？

6. 孩子的睡眠有问题吗？

俗话说：哪里有压迫，哪里就有反抗。或许，用在教育孩子身上不算恰当。但却说明了一个问题，那就是——一个巴掌拍不响。

父母在教育孩子的过程中，如果不断与孩子发生摩擦，孩子处处与父母作对，这时，就得考虑一下了，父母很可能在不经意间给孩子人为地设置了路障。父母可试着从孩子"反抗"的痕迹里找出他们的行为模式，得到一个可以解决的办法，不要再为孩子没有"顺着"而去"给他好看"。

一个孩子刚进入二年级，父母就把他的学习抓得很紧。在学校举行的一次家校合作教育的会议上，该父亲得意洋洋地向老师们介绍起了孩子的"学习经"：早晨，孩子6：30起床，7：00开始送上学。中午11：45放学，接送和吃饭后，就到了下午1：00，然后送学校。4：00放学，4：30到家，开始完成作业，6：00吃晚饭，学习停顿一下，6：30继续做作业，直到晚9：00，然后睡觉。

例子中是一个八岁孩子的一天，紧张而又压抑。这显示出父母抓孩子的学习有些不尽人情，不但影响孩子的正常学习，而且不知将孩子究竟引向何方。其实，孩子非智力的教育对孩子的教育有着很大的促进作用，小学教育，是一个人人格形成的重要阶段。当父母的教育目标仅注重孩子的智力教育，把孩子的分数作为唯一评价标准，那父母下一代将是一个什么样的人格？

有时，或许并不是孩子的过错。上面就例举了孩子的一些特殊情况。这给父母敲响了一个警钟，要小心平时生活中孩子情绪失控的情况，尤其是正处于累饿状态的孩子。

父母也是从自然界进化来的，在骨子里，都有粗野的特性，如果想进行破坏活动，人人都可能称得上"天才"，孩子在这方面表现更加显露无遗。对孩子来说，他们偶尔摆脱约束，尽兴地玩耍一番，也是合情合理的，我们成人在生活中，感觉疲惫之时，也经常进行这方面的活动。

一位明智的母亲说过，孩子大一些时，就需要破坏一些东西了。她给孩子买便宜的塑料盘子和皮球，让孩子任意"胡作非为"。这位智慧的母亲深知：所有的孩子都需要偶尔的凌乱、松散和发泄。

贴心一刻

1. 让孩子发泄个够。当孩子随意胡闹、瞎搞的时候，你不要随意制止他。你让他尽情地制造噪音，打破东西……这些无关痛痒的破坏不需要太在意。

2. 为孩子创造尽兴挥洒的环境。有空时，你可以带孩子到空旷的公园里玩喷水管，在海边或河边随心所欲地玩得又湿又脏等等。

不要兜售让孩子腻烦的大道理

1. 当你教育孩子时，只是一味强调学习的重要性吗？

2. 你对孩子循循善诱时，乐于推销你周围人的事迹，而不对孩子深处的原因加以分析探究吗？

3. 你经常向孩子传达学习可以达到"富贵"的路径，而对孩子的兴趣无动于衷吗？

4. 你只是单纯地说孩子的恶习，让孩子遵循你那一套理论，而不是从孩子的实际情况出发，告诉孩子如何改正吗？

检视完毕，你是否觉得做一个称职的父母很难，或感到自己太委屈？其实，大可不必。你所说的对自己来讲，可能是箴言，是良药，但对孩子来说未必正确。父母持有的教条表面上看是正确的，但对孩子来说却是不合时宜的。

教育的实质其实是对孩子的另一种爱，目的就是将精神能量传递给孩子。这种传递并不需要多么复杂和高深的技巧，任何一对父母只要希望给孩子传递正面和强大的精神能量，并不需要费多大力气。但是，很多父母在教育孩子的过程中，犯了一个错误：他们只是反复给孩子灌输一些让他们听了上百次的大道理。

　　一个孩子这样给老师说：我今年上初三了，功课挺好，可父母仍要求精益求精。每次放学回家，他们都啰里啰嗦的，让我进入他们事先设想好的培养计划，稍不如意，就是一番没完没了的大道理，什么"学海无涯苦作舟""头悬梁，锥刺股""世上无难事，只怕有心人"……不一而足。无非就是让我抓紧学习，提高成绩，不虚度光阴。

　　成绩如果比上次差上几分，他们就像失去阿毛的祥林嫂一般，絮絮叨叨个没完，说为什么成绩下降了等等。不管我爱听不爱听，每次回家都免不了他们的叨叨。我本来有一番抱负，让他们一搅和，学习的欲望和理想烟消云散了……

相信，像上面的情况比比皆是。生活中，或许父母难以发现哪些是假道理，哪些是真道理，但那些自相矛盾和采用双重标准的道理一定是假道理。一些父母为了自己育才的需要，随意对孩子曲解一些似是而非的道理，不久，孩子发现矛盾时，所谓的假道理便露出了马脚。孩子就认为父母的话是谬误，其可信度受到孩子的质疑。

因此，父母在教育孩子时，说话应想好再说，因为对于孩子来说，说得

不好，很可能影响孩子的态度，乃至人生观。父母不应轻易判断道理正确与否，只有通过思考和生活实践，逐渐修正和完善道理，并杜绝采用双重标准。这些道理才是经得起考验的道理，才会慢慢变成"真理"。这也是一个人由普通到智慧的变化过程，不怕承认错误并且愿意改变自己的人，才有可能成为智慧的父母。

贴心一刻

1. 天底下没有绝对的真理。父母必须认识到，世界有很多不存在一定对错的真理。许多真理都在特定的条件和状态下完成的。而且，一个真理对应着一个或多个与之对立的道理。即，权威之外还有权威。以前适用的，现在未必可行。

2. 找出适合孩子的道理。除了一些自然规律之外，社会的生活道理并不能保证是真道理。比如：李家长主张孩子过节俭朴素的生活，张家长则可能主张孩子过高级奢侈的生活。有的家长主张做大放小，只做攸关事物关键的事情，有的家长主张孩子从小事做起，一屋不扫何以扫天下。父母最好根据孩子的具体情况总结出适合孩子成长的道理来。

了解孩子目前的状态

"老师对我怎么这样呢！"

"为什么连我仅有的朋友——王帅，都不理我了呢？"

对于孩子，每对父母或许都有一整套的教育计划。无论你的教育计划多么伟大，多么冠冕堂皇，但如果教育方式对孩子不奏效，意味着什么？意味着父母的教育计划失败，而孩子大好的成长机会则被父母拿来当了试验品。

有多少父母在犯着这样的错误，所以，这是不合时宜的。如果你想要培养孩子，绝对不要想当然，否则，再好的计划和前景都将是不可能实现的空中楼阁。正应了一位伟人的一句话：适合的才是最好的。

了解孩子对于父母选择的教育方式具有很大帮助，父母一旦发现了孩子存在的各种问题之后，便要找出最好的应对方法，要了解孩子。试想一下，不了解孩子的父母如何着手教育自己的孩子呢？知彼知己，百战不殆，在这里同样适用。父母只有了解了孩子，知道孩子所处的状态和精神面貌，父母才能制订正确的教育计划。

有这样一个孩子，初一和初二学习成绩全校第一，被老师和同学称为"才女"，但到了初三上学期的时候，孩子的成绩开始下降，最后怎么也不肯学习了。

后来了解的原因是，孩子的父母都是高级知识分子，当孩子的成绩呈现下降趋势时，他们没有从根源上找原因，而是进一步加大了孩子的学习力度，孩子在学习过程中遇到困难也无法与忙碌的父母沟通。在如此无助和烦闷的情况下，便与班内有类似家庭背景的异性同学"走到了一起"，他们"相互倾诉"，被老师同学确定为"早恋"。此后，两个孩子干脆破罐子破摔，都不学习了。

孩子为什么有很多行为都让父母不可接受，甚至不可理解，这主要与他们的心理特点有关，父母必须采取适宜的教育方式，才能引领孩子健康成长。

现代化的生活方式给父母带来很多便利，但却剥夺了同孩子交流的机会，特别是那些工作在外、劳累一天的父母，当他们拖着疲倦的身躯回到家的时候，早已疲惫不堪，孩子处于睡觉或半睡觉状态。父母看着凌乱的家，便把一点有限的精力用在了拾掇家务中。

为此，有的父母不得不创造一些"机会"同孩子交流，以倾听孩子内心的想法。但这样做，却使孩子有一种自命不凡的中心感，他们便盛气凌人起来，而不能与别人沟通。这时，很多聪明的父母往往一边同他们谈话，一边"心不在焉"地做一些事情，这时的孩子往往丢掉了心理的戒备和武装，为了从这种有意分散孩子注意力的谈话中有所收获，父母必须认真地倾听。孩子对这种方式更容易接受，而且以后面临问题时也会找父母倾诉、协商，这种

方法非常奏效。

你的孩子如果很害羞，他则希望你一起陪他到幼儿园去，一起去探望亲友。你的孩子如果很活泼独立，他则希望逃脱你的控制，选择自自在在的游乐方式……

贴心一刻

1. 父母不是教育专家，但照样能把孩子教育好。需要注意的是，教养孩子，做父母的用不着成为资深的教育专家，不必研究儿童的成长发展，也不必记住孩子在每一阶段的认识和机体特征，父母只需对孩子保持足够的敏感性就可以了。

2. 没有主意时，选择一两本实用有效的家教书籍。如果我们想进一步增加教育孩子的见识，选择一两本类似本书的优秀家教书，边读边对照孩子的日常生活，别有一番趣味。

重新给孩子定位

假期里的一个下午，13岁的小媚在整理书桌的时候，小心翼翼地放书，书上有褶皱的地方用手一一抹平，把所有的东西一一归位。妈妈则在一旁欣赏地看着她：孩子长高了，胸部微微隆起，说话谨慎而又得体。令妈妈感到惊奇的是，孩子比以前更文静了，有问题不再叽叽喳喳地和妈妈交流……

很多时候，父母在不经意间时，会发现孩子突然长高了，思想有了某种特质，他们对孩子的变化惊讶而欣喜。惊讶的是孩子突如其来的变化，欣喜的是孩子长大成人了。容易相处、乐于和别人合作的个性就像好的减震器，它的旅途会平衡顺畅，而古怪、难以相处的个性就像差的减震器，它的旅途则会充满颠簸，即使到了平稳的路面也是如此。

不同的孩子具有不同的个性。有的孩子在天一亮就醒了，开始玩耍；有的孩子吃饭狼吞虎咽，有的孩子却挑食、厌食；有的孩子则不然，他们对生活中的任何变动都会感到不安。孩子的成长是逐步发展变化的，很多做父母的却不能根据孩子的年龄需要而坚持既往的教育方式，导致孩子吃不消。

因此，当孩子变化来临的时候，做父母的应该享受孩子的成长过程，同时，父母们应从一个全新的视角来看待孩子。他们的成熟程度、优缺点和情商的高低等等都是父母重新认知的对象。除了孩子明显的变化之外，父母应时刻注意孩子的新变化，当然，父母不必刻意地去做这件事。但要记住，孩子总是在变化，总是在成长。

在生活中，你如果重新审视孩子，就能更清楚地意识到孩子是一个特别、有着自己独特个性以及兴趣、技能、优缺点的独一无二的人。

贴心一刻

1. 在家。孩子喜欢做什么？比如，读书、看电视和玩游戏等等。

2. 交往。孩子喜欢和哪些孩子一块玩，性格安静，还是内向、活泼等等。

3. 书籍。孩子喜欢什么样的书？比如，故事、人物传记等等。

4. 喜好。孩子喜欢做什么事，不喜欢做什么事。

5. 擅长。在生活中，孩子的强项是什么，弱项是什么。

选择适合孩子的教育方式

1. 晚餐前，父亲告诉五岁的聪聪，饭前不许吃烤薯片，只能吃正餐。

2. 六岁的小路喜欢骑车，在一次出发前，母亲要求他戴上安全帽。小路说："妈妈，我不戴了，多麻烦啊。"妈妈没有回应他，小路抬起头，妈妈正以一种说一不二的眼光否定自己。为自己喜欢的运动，小路无奈之下，只好戴上安全帽。

3. 吃饭前，小娟把食物弄得满身都是，甚至把饭碗弄在了地上，母亲过来说："没事，宝贝，姥姥在饭后会清扫干净的。"

4. 三岁的圆圆一直不肯吃饭，让家人很头疼。这不，姥姥过来了，端着一碗诱人的饭走到他跟前，让圆圆吃。可圆圆很不情愿地，脸上露出痛苦的表情，一再摇头。姥姥仍旧耐心不减，对她说："快吃吧，吃完饭，带你去动物园看大老虎。"

上面这些教育事例，父母会很容易在身边看到。其实，这四种教育不是孤立的，也不是教条式的，必须选择哪一种。但可以肯定的是，这四种教育方式中，溺爱型的教育是不可取的，无论对哪些孩子来说，都百害而无一利。

父母在参加与幼儿园老师进行的有关孩子的教育问题讨论时，应了解他们采取了哪些教育方式和技巧。在同一时期，孩子所受的教育方式应是一致的。所以，父母和教育机构有必要相互了解对方所采用的教育方式，整齐划一地传授给孩子。

贴心一刻

1. 父母要根据家庭情况选择相应的教育方式。当然，你选择了某种教育方式，也不是说你必须教条式地遵守所有的教育方式原则。你要清楚，自己所采取的教育方式在本质上与你的教育观念趋向一致，这有助于达到你的教育目标。

2. 选择教育方式要从真正爱孩子的角度出发，不要让自己淹没在对孩子的高期望值的压力之下，考虑一下孩子的需要和对孩子的期望，制订出适合自己的教育方式。

第二章　先别急着发火
——了解孩子问题背后的原因

> 烦恼忧虑像一把摇椅，它可以使你有事可做，但却不会使你前进一步。
>
> ——席勒

人都是有情绪的，似乎应该原谅那些发脾气的父母，但孩子可不给你这样的机会。你如果做出了对孩子出格的行为，将对孩子造成很大的伤害。你的目的应主要解决自己的问题，然后才是孩子的问题。

父母都在趋向可悲的后果

父母处于失控状态时，最倒霉的就是孩子了。

一些手头本不太宽裕的父母给孩子报了辅导班后，发现孩子不喜欢，便千方百计地哄着孩子学。硬着头皮学习的孩子出现怠学或厌烦时，父母往往言语激烈，威胁强迫孩子，使他们时时处于惊恐之中。

有的父母花了全部的积蓄搬进新居后，看到孩子在墙上即兴的"佳作"，便对孩子大呼小叫，严厉责罚孩子，甚至约法三章：不许在墙上画画，不许在地板上拍皮球，不许在卫生间里玩水，不许带同伴来玩耍……弄得孩子直想搬进旧居。

帅亚的妈妈就是经常向孩子发脾气的人。

一次，帅亚的妈妈在商场排队买紧俏商品，她让孩子在一旁的空地上玩，但不许离开她的视线。可天性调皮的孩子开始围着人群跑来跑去，这位母亲或许等得心焦，她受不了孩子的所作所为，她开始威胁孩子，但却没有丝毫效果。她于是生气了，破口大骂："你再不回来，我就当着所有人的面要你好看。"

当时在场的人和现在我的读者们不言而喻。其实这就是冲动的代价。看看我们周围，在生活中失去理性的父母随处可见。

"滚一边去！"

"马上给我闭嘴，小心我打烂你的屁股。"

……

在你大吼大叫的时候，这些孩子们或许紧张。教养孩子不是一蹴而就的，也不是三两天的事。这种困难也在客观上促成了我们的进步。所以，教育孩子的不快也就有了意义。我们如果改变了教育孩子的观念，孩子即使不合作，不听我们的话，也不容易大动肝火。

父母的抓狂对教育孩子的事情毫无效果，没有任何帮助。我们最冲动的反应恰恰导向那个最不愿意看到的结果。

贴心一刻

1. 冲动和失控是多么严重的事情，父母往往失态，失去控制，使我们原本不希望的后果发生了。

2. 不吼不叫是一种理智，是一种修养。在教育孩子时，平心静气的父母往往可以解开孩子的疙瘩，打开孩子的心结，使孩子从固执中解脱和成长。

父母的焦虑

这个世界和社会带给我们很多奇怪的事情，我们越讨厌一个人，反而越不会为他的事情而伤脑筋。但与我们亲近的人就不同了，他们很少令我们兴高采烈过，很多时候往往因为亲近而使我们的焦虑频繁的发生，使我们陷入深深的痛苦之中。

离我们最近、与我们朝夕相处的孩子就是这样的人，他们常常引发我们生活上的焦虑。这种焦虑使我们深感不安，而任由我们的情绪来驱使孩子，让孩子按我们的方式到达我们所认为的安全为止。其实，我们不必这样做，教育孩子如果到达一定的高度，就会把自己的担忧当做有益的，甚至是必要的体验。与其用我们的焦虑纠正孩子，不如用它来审视我们自己，找出焦虑的真正原因。

比如，你几个月的孩子慢慢爬到高高的床边上时，你还在院内几十米高处的屋顶，这时的你可能心都要跳出来了。但不必太过惊慌，惊动床边的孩子会导致更严重的后果发生。应把这看成是自己的成长机会，装作什么都没有发生的样子，面带笑容，对孩子可以什么都不必做，继续做着自己的事情。

"最坏的后果就是孩子跌下床沿，来一个倒栽葱，一头撞到地板上。所以，绝不要这样的结果发生。我们可以歇斯底里，大叫着冲上去——这难道有什么不对吗？孩子正在危险的边缘，作为父亲，必须拯救他呀！"但你仔细想一想，这样做的反应往往会把孩子吓坏，进而导致他的平衡失控，而从床上跌落下来。

很多时候，父母都处在这样的两难境地，其实越在这样的关头，越是我们成长的机会，不至于因为鲁莽而坏了大事。现在，父亲首先要做的就是从屋顶上的梯子上安全地走下来，然后走进屋内，盯住孩子，走到他将要跌落的位置，伸手抱住他，紧紧地搂在怀里。这样，一场不大不小的灾难就可以避免了。父亲首先冷静下来，抓住成长的契机，这是自己一种内在的力量。

在实际的生活中，父母很可能感觉孩子不好教，甚至充满了挫败感，其实就像在床沿的孩子一样，可能是自己的成长机会，而你的做法是只想赶快逃离，不去面对现实。不是只有孩子才成长的，让孩子看到我们做父母的也在学习和努力成长。不应对孩子的行为反应过度，否则，我们将毫无章法可言。我们应做孩子的明灯，时刻导引和支持着孩子前进。

贴心一刻

当父母焦虑时，可思考下面的问题：

1. 你认为教育子女最大的困难是什么？对此，你是焦虑，还是向它挑战，得到成长的机会？

2. 在你的孩子没有来到这个世界之前，你有什么期许，而残酷的教育现实使你有了什么变化？

3. 在日常生活中，你是一个理智的父（母）亲吗？你有过冲动而使事情变得更糟糕的经历吗？如果在以后，你会采取什么样的解决方法？

4. 孩子努力地走向成熟，追求自我成长，你觉得对孩子有什么好处，我们是不是需要干预他们？

由孩子的极端看父母的问题

请看下面的问题，请您对照自己：

1. 你是民主型的父母，但孩子却常常不遵守规则而犯错误；

2. 你是积极进取型父母，但孩子待在家里，感到左右为难；

3. 你是焦虑型父母，要不断提醒孩子注意生活中的风险，而自己却非常恐惧；

4. 你是不甘落后型父母，对孩子得过且过，胸无大志感到郁闷；

5. 你是唯我独尊型父母，把孩子看成自己的财产，而很少去引导教育。

孩子的成长是不可能不存在问题的，但最令人担忧的是，父母会犯错误，而毁了自己的孩子。因为每个人都是不同的，都具有自己独特的特质。孩子的特质有的是先天的，有的是社会、学校和文化价值观影响的。

不同的孩子具有不同的性格，父母对孩子的影响很大，而且这个因素比影响孩子的其他任何因素都强。所以，孩子的极端往往是对父母"极端性"的反应。孩子这些出格的表现可以反映出父母对孩子精神状态的负面影响。

面对孩子，我们有时自圆其说，但终究没有用处的，因为，我们不会因此获得同情，孩子如果发现丝毫的破绽便以为父母性格软弱，马上踩到父母头上。你如果喜怒无常，你的孩子更加如此。你如果心高气傲，孩子便会试探你的谦虚程度。等孩子长大成为家长时，其性格缺陷马上报应在你的身上，并反映在其子女的行为上。

旁观者清，当局者迷。有时，父母自己看不到极端性，而在旁观者看来却是非常明显了。在一次家庭教育讨论会上，一位妈妈站起来诉说发生在孩子身上的问题：

小海是一个非常机灵而又顽皮的孩子，前天，他从爸爸那里偷

了五十块钱，自己买雪糕吃了。而且，近来，小海正违反家里的一个规矩：他在用电脑做无关的事情——玩偷菜游戏。更要命的是，小家伙还经常撒谎成性，他经常说自己没有家庭作业，可打电话向他的老师询问时，却常露出马脚。当他父亲斥责他时，他却轻描淡写：有那么大惊小怪吗？

由上可知，小海存在非常严重的问题，他偷东西，撒谎成性，说话欺骗大人，对父亲也不尊重。

但不知你发现没有，小海跟父亲有一些冲突时，替他说话的却是他的母亲。这个倍受小海长期困扰、欺骗和偷窃且受到不礼貌对待的父亲，完全是一种息事宁人的态度。经过深入谈话，才发现小海的父亲在工作上不怎么顺利，妻子对他也有一些怨言，所以，他委曲求全。

敏感的孩子立刻觉察到了父亲的软肋，于是屡屡越界。而父亲的沉默则放纵了孩子的行为。

贴心一刻

1. 父母需要检视。你的孩子极端，问题是否出在你的身上。

2. 在教育孩子之前，站在孩子的角度看看自己的观点评断有没有扭曲。要想改善孩子，或许要从改变自己开始。

3. 在教育孩子时，你会对孩子的越界行为视而不见吗？会一直坚持一些无足轻重的教育方法吗？

行为出格的子女

无论发生什么事，都不要动摇我们的情绪。我们每个人的头脑中都应有一个遥控器，不受外界的影响，随时掌控好情绪。

或许你振振有词：你说的不错！但当时在气头上，谁又能保证不做出点什么来。这点不难，我们环境所引发的混乱和焦躁，我们都会着急或惊惶失措，然后把焦点放在别人身上。外界的环境对我们来说，好像一个有关坏情绪的引擎，在特定的场景和语调中，很容易点燃我们的怒火。但我们都是成人，具有一定的控制力，至少比孩子强一些吧。

"你不是一个好爸爸！"

"你很软弱！"

"我考试没有及格。"

······

上面的话或许令你发疯发狂，但这确实从我们的孩子的嘴里发出，在生活中好像那么常见，无论书面的，还是父母反映的，可以装一卡车。

当我们听到孩子闯祸或做出其他不可思议的事情来时，没有控制力的父母肯定会情绪失控，甚至把桌子给掀了。那么，你感觉这样的结局会是什么？你和子女都将失去控制，相互争吵，哪里还有父母的权威？如果你平静下来，事情往往并不一定那样糟糕。所以，控制了自己就等于避免了一场干戈，还可以继续着手处理后面的问题。否则，亲子关系恶化，孩子的行为更为无拘无束。

有的父母可能认为，是孩子有错在先，他竟然做出了这样不合情理的事情，所以我才生气的。不论什么理由也阻挡不住争吵带来的伤害。比如，场面更加糟糕，而丝毫没有解决问题。作为家长的您一定要以身作则。

贴心一刻

1. 即使面对孩子，遇到问题，也需冷静再冷静。教育孩子，纠正孩子才是我们的目的。

2. 避免自己最容易出格的教育方式。父母亲应牢记在心，在争吵时，提前做好"此路不通，请走其他道路"的准备，并思考冲动对结局的影响。

3. 回想自己冷静处理事情的经历，并对自己的理性和冷静感到自豪，以便把这种理性的状态继续下去。

行为冲动的父母

在你冲动之前，先弄清下面几个问题：

1. 这个世界是不以我们的意志为转移的，对于那些我们无法改变和控制的事情，你是否在毫无意义地消耗精力？

答案：我们当然不去浪费我们宝贵的精力和时间。

2. 你教育孩子，当孩子与你意见分歧、而你准备歇息底里时，你是一个能够控制自己的人吗？还是你已经被孩子控制？

答案：你已经被孩子控制，作为教育者的你已经成为了被孩子控制的学生。

3. 我们是教育孩子，还是控制孩子，甚至把孩子"玩弄于股掌之间"？

答案：我们的目的是教育孩子，使他们健康顺利地成长。

因此，冲动没有任何好处，我们不可能像小孩子的脸那样善变，一会晴天，一会阴天。我们是成熟的，思考缜密的，无须让冲动消磨了我们的时间。

可以肯定的是，只要是生活，养育子女，就会遇到数不清的问题，发生说不完的故事。记住是你在养育孩子，而不是孩子在养育你，你没有必要像一座将要爆发或正在爆发的火山那般冲动。

在这里，我想起了一对父母，他们在南方的一座大城市里开了一家店铺，生意红红火火，生活还算幸福美满。

很快，到了放暑假的季节，父亲对自己的儿子要求很严，在其邻近的家教培训班帮孩子报了名，让他在暑假继续学习英语，以提高学习成绩。

事与愿违，孩子对补课不怎么感兴趣，于是经常逃课。父亲看到交的钱要打水漂，几次责打孩子。孩子没有屈从于父亲的武力，死活不愿意上课。

或许这位父亲太希望孩子上进了，让他焦灼的是，孩子仍旧不肯听话。一次酒后,父亲看到逃课回来的儿子,上去一阵拳打脚踢,丝毫没有顾及对方还是一个孩子。拳脚过后,孩子再也没有醒来。

这是一个真实而令人震撼的故事,这段时间以来,它一直在我脑海里萦绕:父亲的愚蠢和孩子的悲惨。这位父亲不仅打死了儿子,还要面临牢狱生涯。这向我们广大父母提了一个醒:冲动的代价不仅不能教育孩子,还可能失去孩子。从这个程度上来说,冲动代表着愚蠢和教育孩子的无方。我们要冷静,而不能伸出无情的手,去拍击孩子稚嫩的身体。

贴心一刻

1. 冲动要不得。对父母来说,最大的敌人不是电视,不是电脑,也不是不良习惯,而是自己的冲动过度反应。如果我们把焦点放在我们自己身上,控制好自己的情绪,就可避免其他过激事情的发生。否则,既无力应对孩子,也得不到孩子的感激。

2. 教育孩子不容许失败吗?父母的角色是输不起的,教育孩子只能成功不许失败。事实的情况是,来自其他四面八方的压力使我们身心疲惫——拿孩子没有辙了。其实,在某一阶段,我们教育孩子可能存在一些这样或那样的问题,但经过诸多实践之后,逐渐回到正轨上。

不懂孩子的问题父母

斌斌学校不知什么时候形成这样一个规定:大考后的试卷必须要由家长签字,每次大考后都令人提心吊胆。这不,期末考试的语文试卷发下来了,正上方是老师写下的醒目的"57"。斌斌不敢相信自己的眼睛,可那几根血红的粗线组成的"57"真真实实地摆在他

的面前，它苍劲傲立，似乎在对着他发出冷笑。看样子这回真得回家凄惨去了！

放学后，他拖着沉重的步子迈出校门，走向回家的路。平时只用半小时的路程，这次却走了整整两个小时。终于到家了，斌斌的神经却开始紧绷起来。刚到家，妈妈和往常一样，早已给他准备好了爱吃的晚饭，问又在学校打扫卫生了，回来得这么晚！他只得低声说，这次考试语文得了57分，不过下次一定要考好。什么？57分！刚才还晴空万里的母亲，脸上马上乌云密布，同时雷声大作："你这个不争气的东西，不好好读书，成天就知道玩……"。

母亲对孩子的爱往往附加了一个条件：学习好。孩子的无奈和委屈只有通过写写日记来发泄了。

当然，哪一对父母也不愿意打孩子，他们是认为孩子在学校和生活中做的不够才去打孩子的。孩子的学习或生活没有达到父母要求的标准，让父母在无奈之下痛下"杀手"。父母的心是好的，还是想让孩子有所出息，但父母行为的结果会害了孩子，使孩子心里战战兢兢，而且更加没有信心。

问题父母是有区别的。有的问题父母是无可奈何的，比如，那些单亲孩子的父母很想管好自己的孩子，但由于一方离开，不能给孩子充分的爱。有的问题父母是人为的，他们因为孩子不够聪明、考的分数不够高而感到失望，甚至把失望情绪"感染"给孩子，使孩子对前途望而却步。

问题父母的消极做法只能使孩子更加消极，而不思学习，时间一长，头脑变得僵化、反应迟钝。实际上，天才儿童和平常儿童的智商相差无几。做父母的应该发现孩子的长处，对孩子喜欢某件事而想方设法帮助他。他如果爱画画，就让他尽情地画，画出名堂来，或许将成为日后的凡高；他如果喜欢小动物，就把他带入大自然，让他尽情地热爱，或许将成为日后的达尔文……道理其实非常简单，很多父母也知道，遗憾的是，他们很少付诸实施。

通常，很多父母不是以人为本，而是以成绩为本。其实，孩子的成长永远比分数重要。因此，孩子对自己的成绩非常敏感，考的好了得意洋洋，考的差了，内心惴惴不安。很多孩子在学校召开学生家长会时默默祈祷，但愿回家没有"电闪雷鸣"。

贴心一刻

　　1. 以孩子为本。父母不是爱孩子的成绩，而是要爱孩子本身。孩子在学习或生活中表现不理想时，父母先不要急着责备他们，要从孩子的优点着手，不断鼓励他们，不断克服薄弱环节。同时父母还要让孩子学会与人沟通，搞好人际关系等等，孩子将来一定是美好的。

　　2. 换个角度想一想。父母有时要学会换位思考，自己如果是孩子的话，会是什么状况，应采取哪些对孩子有效的措施。

孩子是被父母骂差的

　　孩子胆子小，在一件轻而易举的小事面前，也会显得畏缩懦弱和谨慎。他们优柔寡断，对一件简单的事也不能快速地作出判断。对于这种现象，有的家长往往会作出错误的判断：

　　假如胆小的是一个女孩，他们会认为这是女孩的特征，是女孩固有的羞怯与腼腆；如果是一个男孩，他们会觉得这个儿子很乖，不像其他男孩一样到处去惹事。他们不知道这种胆小是自卑的心理在作祟。与此同时，他们会感到自己孩子的做事能力极差，几次三番地说，也不会使孩子有太大的改观。他们一边有孩子"温柔和乖巧"的喜悦，一边又有孩子能力差的忧愁。

　　即使有的家长知道孩子是有自卑的心理，但在他们的心里，自卑就是"无用"的等同语，他们也试图改变孩子自卑的心理状况，想通过自己的教育使孩子能做好。

　　在众多的父母中，当看到自己的孩子做不好一件最简单的事时，我们就可以看到他们会使用如下的字句：

"你看你，连碗都端不好！"

"真是笨死了！这么简单的题都解不出来！"

"真没出息，脑子用来做什么的？"

从这些父母教育的言行来看，不少父母在教育中喜欢批评孩子，或者说批评总是多于表扬，或说批评与年龄成正比，孩子年纪越大，父母对孩子就越是挑剔，父母忘记了孩子在牙牙学语时自己的赏识心态。他们不知道孩子的心智发育是不成熟的，还没有自我评价意识和自我认知能力，孩子对自己的认识和判断，最先来源于父母对他们的判断。父母的这些言语往往对孩子起一种负面的暗示，父母说多了，在孩子的心里就会烙下"我不行，我没有能力"的印记。以后每当尝试做什么事情的时候，他最先想到的是："是的，我可能真的不行，还是不去做了。"这样，父母就在无意识中把自卑感慢慢地植入孩子的心理，自信在孩子身上渐渐地也就荡然无存了。

于是，孩子的表现就使大人不满意：

1. 小事做不好，大事不会做。

2. 一件突发的小事也会吓得大哭。

3. 事情本知道怎么做，但就是不敢下手。

……

对于孩子来说，因为他的自卑，在做一件事时，没有自己的思想，总是先揣摩别人的心理，然后再试图迎合别人的方式和方法，因为觉得别人比自己强，这样在做事时就会六神无主，会感到这样做也不好，那样做也不合适。一件小事做不好，他们就更没有具备处理突发事件的心理。

于是，对孩子自卑胆小的矫正就变成了"要孩子专心"的教育，要孩子专心与矫正孩子的自卑胆小心理，这是两种不同的教育方式，这种教育方式上的张冠李戴，得不到教育效果不说，往往还会加大孩子的自卑胆小心理。比如，孩子不专心时你说"你看你，连碗都端不好"，作为一个不自卑胆小的孩子，父母在说这句话的时候，孩子只会觉得父母是不满意自己心思没在端碗上，而把碗给打翻了；而对于一个自卑胆小的孩子来说，他就会以为：自己没有用，一些事情做不好不说，连碗也端不好！这不仅起不到教育的效果，反而加强了孩子自卑胆小的心理。

贴心一刻

1. 你的教育在起相反的作用吗？对于孩子胆小自卑的矫正，父母常常不是在矫正孩子的这种心理，而是在所谓的"教育"中，不断地在加强孩子的这种自卑胆小的心理。

2. 小心孩子形成自卑胆小的性格。孩子在幼年时，安全感没有得到满足，亲子关系没有建立好，没有得到足够的温暖和爱，同时，父母或老师一句不尊重的语言，就会给孩子带来无形的精神压力，严重伤害自尊心，产生自卑情结。

危险的第一念头

孩子的一些我们看起来不得体的行为往往使我们深感忧虑，看看下面的行为：

1. 孩子在地上玩得非常高兴，手上沾满了泥巴，弄脏了衣服，小脸蛋成了小花脸。他看见你时，丝毫没有收敛的意思，弄得泥水遍地，继续用手弄着泥巴。

2. 小家伙在你的书桌前，拿起你的笔在你的文件上涂鸦，看到你来到他的跟前时，他非常高兴，让你欣赏自己的杰作。

3. 三岁的她爬上家门前那个很多年都不使用的滑梯，看到你来时，不顾你惊讶的表情，继续往高处走，甚至对你做鬼脸。

4. 四岁的他在洗手间时，看到很多的瓶瓶罐罐很好奇，于是他开始忙活了：先是把沐浴露从瓶里挤出来，再把水放得满地都是，最后把洗发水挤出来。

……

上面是孩子们在生活中经常发生的一些事情，相信，很多父母看到孩子上面类似的行为时，立刻皱紧眉头，要么大声斥责孩子，要么怒气冲冲地过来，扇孩子两个耳光。

在教育孩子的过程中，我们做父母的不要急躁，不要宣泄，更不要顺便采取不适当的行为，将孩子导向严重的后果。教育孩子需要耐性和克制，无论孩子做的事情多么荒唐和不可思议，我们即将生气时，一定要忍一忍，先不要急着发火。为什么要这样做呢？因为我们无论做什么事，往往被事情的表面所牵引，冒出来的念头都是随心所欲而不考虑事情后果的。

事情的情形不外乎是，孩子的错误可能不是什么事情，甚至微不足道，只是孩子没有按照我们的要求和规定去做，只是不合我们的胃口，我们便认为孩子应该如何如何。

一位朋友说，当她拖着疲惫的身子回到家，可还要面对一大堆家务时，却看到孩子不但不写作业，还把家里弄得一片狼藉，便怒气迸发。正想把孩子教训一顿时，打开窗帘，却发现天空是靓丽的霞光，非常清爽而灿烂，于是一想：天气如此美好为何要生气呢？再往深处一想，人生这么美好，我为什么要生气呢。所以，气就消了一大半，于是拉着孩子的手，该干什么就干什么。

父母如果能把克制当成教育孩子的第一思维，就表明他们具有很好的平衡力。否则，尽管你理直气壮和义正严辞地对待孩子，而教育的效果绝对要打折扣的。

贴心一刻

1. 处于某种紧急状态时，不要惊扰了孩子。你的孩子正在做令你瞠目结舌的动作或正处于某种危险时，要冷静第一。你可能对孩子有一千个担心，但如果对孩子大呼小叫的话，却把孩子推向了深渊。

2. 想出一个切实可行的办法。用眼睛盯着孩子，想出一个可行的办法，有条不紊地去做，直到孩子脱离危险的境地。

对孩子顺从的后果

　　有一次，一位母亲去超市购物，在收银台处排队时，四岁的女儿在附近玩了一会儿后，伸着小手对妈妈说："妈妈，抱抱！"

　　母亲望着长长的队伍，显得有些不耐烦，见孩子让抱，便更加烦躁地吼叫道："抱什么抱，自己站着吧！"女孩被母亲这么一吼，嘴角先是抽了一下，继而大哭了起来。随着孩子声音分贝的不断增大，很多人围了过来。母亲一看这阵势，便把孩子抱了起来，但女孩仍旧在哭，虽然声音小了很多。母亲见哄不住孩子，便说："乖！不哭。妈妈一会带你吃肯德基好不好？"女孩这才停止了哭泣。

孩子在小时候，往往用"哭"当武器，来表达自己的需求。如果长大之后，为了自己更多的需求，可能会采取更多的表达方式，如绝食、夜不归宿等等，这时再处理起来将变得更加困难。

　　因此，当孩子哭闹时，家长应该先考虑他是否有生理需求，如身体不适等。如果没有，家长一定要狠下心，克制感情，千万不能妥协。最初，孩子对家长提要求时，总会以试探的态度来坚持自己的要求，只要家长不坚决地拒绝，不让孩子绝望，孩子就会继续坚持，甚至用哭闹来要挟。如果家长坚决地拒绝，孩子就会逐渐放弃自己的要求。

　　现在的孩子，很多都是独生子女，他们在生活中享受着优越的条件，他们不仅仅有着丰富的物质，在生活的主动性上，也有更加广阔的空间。更多的孩子总是对自己的需要、愿望和要求丝毫不会加以克制，他们会凭自己的秉性行事，任意地放纵自己——于是，社会上更多的孩子少了几分温顺，多了几分任性，这可能是现在中国孩子最普遍的性格。

　　一个任性的孩子，他会表现出很多不良的性格：

　　1. 孩子与人相处时会自私、霸道地对待别人。他不仅仅在家里唯我独尊，不听父母的劝告，就是在一些公共场合对他人也是极不

尊重。

2. 一旦孩子的要求得不到满足，立刻就会生气哭闹、跺脚，严重的会摔东西，甚至用不吃饭、不回家的手段要挟父母。

3. 自己要求得到的东西全部归自己，不允许别人动。比如自己的食品，自己吃不了宁愿坏掉或扔掉，也不愿意与其他人分享。

4. 在集体中，无论什么事自己都想占上风。在外面受气占不到便宜时就往家里跑，就要家里人替自己出头。

这些不良的心理品质和性格特征，往往会影响一个人将来的人际关系，甚至能给自己将来的家庭和事业带来不幸。

中国实行了几十年的计划生育政策，前面提到过，一个孩子的背后，往往有好多人对他宠爱有加。现在一个三世同堂的家庭，孩子的上面至少有爷爷奶奶、外公外婆、爸爸妈妈这六层关爱。这六个人教育孩子的态度很难保持一致，这就使得孩子在父母那里得不到的东西，他可以在爷爷奶奶、外公外婆那里得到满足；孩子在父母那里使不了的小性子，他可以在爷爷奶奶、外公外婆那里得到发挥，孩子在家里总会找到自己任性的载体。现在的孩子好像很会讨爷爷奶奶的欢心，有时候父母辛辛苦苦给孩子树立起来的"规矩"，在爷爷奶奶面前，会因为他们对孙子的溺爱而摧垮。在家庭教育中，祖辈成了孩子任性滋生的土壤。

孩子在两三岁的时候，也就是刚能和大人进行交流的时候，孩子有几分任性的话，这似乎是孩子"懂事"、"有主见"的表现。比如，孩子已经吃了一块糖之后，他还继续向大人索要，这时的爷爷奶奶，在孙儿索取中更加感到天伦之乐的快意。孩子的这种"索取"本来是很正常的现象，问题是孩子的要求总是能得到满足，孩子的这种索求随着孩子年龄的增长已经成了一种习惯，当有一天孩子遭到拒绝的时候，就会感到这"极不正常"，在心理上就会"很难接受"，他就会对家人加大所求的力度，会使出一切具有孩子特性的行为来争取。

心理学研究表明，人性格的形成与教育、生活环境、家庭气氛和社会实践有着密切的关系。一般孩子的性格在学龄前已初步形成，但不稳定，随着年龄增长而趋于成熟，并有很大"可塑"性。所以，孩子的任性最先是家庭影响的结果，如果不想让自己的孩子任性，使孩子有一个良好的性格的话，那么父母首先就要先做好自己的家庭教育。对孩子太顺从是孩子任性的根源。在防止孩子任性时，家里的其他成员有时也要齐心与孩子"对着干"一番。

贴心一刻

1. 不要一味满足孩子。对于孩子向父母提出的要求，家人不能一味地满足，特别是爷爷奶奶，一定要分清孩子的要求是对还是错，合理的要求可以满足；无理要求，一定不能答应。

2. 家庭成员对待孩子的态度要一致。不要是外婆认为这样可以，而爷爷则认为那样可以，孩子就会以为：只要坚持自己的性子，要求总可以得到满足的。

3. 和孩子比耐心。孩子如果有那份"耐心"哭闹或是生气，家长在对孩子明确自己态度的同时，还要有对孩子进行说理的那份耐心，要能一直说到孩子心悦诚服为止。

把孩子看得过重

实际上，对于父母来说，不把孩子看得过重是不可能的。很多人都把孩子看得过于重要了，以致他们做事都碍于父母的羁绊，做事瞻前顾后，不敢做决定，这导致孩子们在生活中失去一个又一个的机会。

把孩子看得过重的父母做事情都为孩子考虑，生怕孩子饿着或遇到危险之类的事情。这就是危害，父母的这种做法往往适得其反，无形之中干预了孩子的成长。一位老师这样说：

"三八"节前夕，我给孩子布置了一个任务——给妈妈洗脚。第二天上课前，我问同学们是否完成了任务。李丽说："我给妈妈洗脚，她当时很高兴，还亲了我呢！"袁娟说："我给妈妈洗脚，她夸

我是一个懂事的孩子。"赵刚说："我给妈妈洗脚，妈妈夸我长大了。"……

看着一个个孩子描述时的幸福表情，心里非常高兴！于是奖励他们每人一个"芭比娃娃"。但我走到刘微微小朋友跟前时，看见她低着小脑袋，两只手不停地搓着衣角。我蹲下来，拉着她的小手，轻轻问："你怎么啦？"这一问不要紧，孩子的眼泪像断线的珍珠："我妈妈说我小，不让我帮她洗脚。"坐在旁边的姚晨也是同样的原因没有帮妈妈洗脚，看着哭得像泪人的她们，我轻轻地把她们搂在怀里。

培养孩子有一颗爱心，是我们教育的目标，也是家长所希望的，但如果真让孩子对父母表示爱心时，父母却不给孩子这样的机会。

孩子其实就像成人一样，都有自己的言行举止和喜怒哀乐。他们是一个个独立的个人，都有着自己的想法，事实上，这也是成长的必须。孩子即使在襁褓之中时，也开始用自己天生的能力来决定他们的日常行为。所以，父母不要把孩子当成木偶，他们有自己的想法和感觉，他们正是运用这些来支配自己的行为表现。

让父母们感觉棘手的是，孩子们的选择和思维往往与父母们要求的不一样。他们选择在餐厅里不履行父母的劝食忠告，甚至把食物丢到地上，是因为他们早已饱餐一顿了；他们吵闹玩耍，因为这是他们的天性使然，孩子如果经过一定量的活动之后，相信他会乖乖的，早已安静下来。父母如果事事干预孩子，强迫他们按照我们成人的思维，踏上所谓的正途，那么，这种教育方式不足为奇，并没有科学到哪里去。父母这样的结果，只能使孩子觉得父母总是碍手碍脚，一副大权在握的样子，而孩子呢，觉得自己卑微而渺小，且无用。

人类崇尚独立的人格，甚至特立独行。孩子在出生时，就已经有了选择的能力。话语如果不合他们的意，父母即使巧舌如簧，也不会改变其在心底所做的决定。在这里，再卓越的驯服技巧都无法运用于孩子。

父母看重孩子是天经地义的，但父母有时却也做着伤害孩子的事情，使我们的孩子左右为难。因为孩子只有两种截然不同的选择，一种是可以让父母熄火的选择，另一种是可以让父母火上浇油的选择。

1. 孩子的情形不是父母想得那么严重。对于那些超级敏感和过于爱孩子的父母来说，就可能引火烧向自身，工作于是开始不安起来，心中有了愤怒的情绪。

2. 相信孩子。孩子并不是父母想像的那般柔弱，他们活泼、灵敏，能够处理好自己的事情。

3. 指导而不是干预。孩子毕竟是孩子，他们需要的不是父母的过度干预，而是父母正确的指导。孩子在做事的过程中，结合父母的指导，会有自己的做事体会。

孩子有义务满足父母的需要吗

这个世界上，最让我们高兴的是满足心意的事情。教育孩子也是这样，做父母的，都希望孩子能够顺着我们。更为致命的是觉得自己的所作所为，都是为了孩子。父母感觉悲哀的是，自己教育孩子完全处于好心，到后来却弄得满是愤怒。明白了这一点，你面对孩子出乎意料的举动时，先不要急着让孩子顺着我们。尽管我们是为了孩子着想，但也不能要求不可以逆着我们。此时要做的就是与自己对话，一些话不能不假思索的随口而出。以免伤着你的孩子，激化你们之间紧张关系。

当孩子在惹怒你时，不要急着发作，先处理好自己的情绪，然后就可以轻松地把注意力集中到孩子身上。在很多时候，很多父母都会对孩子说："你可气死我了，我真拿你没有办法。"其实，父母这点是错误的，孩子只是引爆你愤怒的引擎，而不是令你愤怒的原因，孩子不应对你情绪发作负责任。

这是因为每个人都有自己的心理禁区，当别人触动的时候，我们往往就会被其感染，无限地扩大起来。父母毕竟是成人，相信都可以冷静下来，倾听自己的内心来排解冲动，以便将精力更好地集中到孩子身上。

九岁的小丽在妈妈熟睡时，自己蹑手蹑脚地来到厨房，此时只是凌晨4：00多。她要做什么？她要给妈妈一个惊喜，让她吃上自己做的煎饺。

她拉着厨房的灯之后，幸好，发现里面有韭菜，便用手慢慢择干净，然后慢慢放水，冲洗四五遍，认为干净了，再捞出把水控干。然后把韭菜切碎，放入一个盆内。接着，她从面袋里挖出很多面来，放上水和了起来。

小丽发出的叮叮当当的声响吵醒了妈妈。妈妈决定去厨房看个究竟。

当她打开厨房的门时，惊讶得差点叫起来：满地的烂韭菜叶和一些白花花的面粉，小丽的脸也成了小花脸，还有盆里放着切得长短不一的韭菜馅，在她看来，这是最拙劣的做饭方式。妈妈的眉头顿时凝成了疙瘩，刚想发作，脑中刹时闪过一个念头，她意识到孩子的做法只是因为爱，于是没有责备小丽，而是微笑着说："谢谢你，我感到意外而惊喜。我感觉不错，来，我和你一块做吧。"

所以，我们在不高兴时，往往过于武断，而不考虑事实，弄不懂孩子背后的真正动机，就草草地给孩子下了一个错误的结论。

贴心一刻

1. 孩子没有义务满足我们的需要。究竟什么是我们的需要？孩子没有义务揣测我们的心思，谁又知道我们那一闪而过的念头是什么呢？因此，孩子没有义务，也没有办法满足我们的需要，我们所做的就是要明白这一点。

2. 不高兴时，先不动声色。需要注意的是，我们无论高兴还是生气，都要花相同的时间来解决孩子造成的混乱，不如先不动声色，将问题解决掉。这样，我们就容易控制自己，接下来就是保持冷静，解决问题。

父母是否侵犯了孩子

下面是一对母女的生活对话：

女儿：妈妈，你又动我的房间了？

妈妈：嗯，你的房间太脏了，我给你打扫了一下。

女儿：我的抽屉的钥匙哪去了？

妈妈：我给你放在笔筒里面了。

女儿：哼！

妈妈：我给你打扫得很干净吧？

女儿：谁用你打扫了，谢谢你的好心烂肠子！

女儿不再说话，脸上显得却很生气。显然是妈妈进入了她的禁地，窥探了她的私密空间。

孩子其实也有自己的独立空间。当然，父母是孩子的监护者，给他们空间是很困难的，因为我们需要把子女改造成才子才女。出于保护和成才的需要，我们把孩子控制得都比较紧一些。

平时，孩子的一日三餐和行程都被我们摸得一清二楚，这是出于爱护和教育他们的需要。因为我们害怕他们一不小心做出傻事来。比如，把自己弄伤，受别人欺负等等。其实，属于孩子的空间不大，一间房子，甚至属于他们自己的一个日记本，还有脑袋里无限的遐想。但这对于他们来说，或许就足够了。

我们总以为孩子年轻，存在某种潜在的隐患，于是我们把这一点无限地在头脑中放大，而日渐焦虑起来。所以，我们想知道孩子的一切，不想让他们受到任何伤害，甚至精神上的煎熬。所以，一些父母就有了翻看孩子日记本的恶习。

但孩子需要独立的生活空间，而我们要想成为不吼不叫的父母就必须尊重孩子就不要侵犯孩子的私密空间。绝不要为了思想上的担忧和焦虑来教育

孩子，而且，从你的行为中，一方面，你教会了孩子更善于藏匿自己，甚至在以后，你不会找到蛛丝马迹，更无从了解孩子；另一方面，孩子在心理上对你有了警惕之心，你将在以后和孩子的沟通变得不顺畅。

父母如果照上面做，就等于把教育孩子的路给堵上了。因此，孩子随着年龄的增长就需要更大的空间。作为父母应给他提供更大的空间。一旦你为孩子创造了这个空间，孩子利用这个空间的效果一定会让你大吃一惊。让他们占领一个空间？你可能觉得有一些不可思议，但你一定要这样做，否则，你会身不由己地把目光转到孩子身上，从此，你又焦虑不安，开始围着孩子团团转。

贴心一刻

1. 给孩子提供更多的空间。与其担忧孩子，不如给他们空间，允许他们关起门做自己的事，而且，在进入他们房间之前，要学会先敲门。

2. 不干预他们房间的脏乱。孩子的房间由他们自己作主，想怎么处理就怎么处理。

3. 尊重孩子的选择权。孩子做事时，尊重他们的选择，包括金钱的花费等等。不过要事先告诉他们如何做的大前提。以帮助孩子树立正确的价值观和金钱观。

4. 不妄加揣测孩子。孩子做了错事，不必刨根问底。

第三章 自己先跨过去

——给孩子来个"身先士卒"

无论给儿童什么教育，无论每天给他什么样聪明而文雅的训练，对他的行为能产生最大影响的依然是他周围的同伴，是他父母行动的榜样。

——洛克

行为榜样的力量对孩子具有震撼的影响，他们看到了榜样，心里便有了一种"别人行，我也行"的想法。他们这时才能最有效地学习各种行为，这是一种最好的管教方式之一。你如果意识到这一点，就知道如何从身体、思想和精神上对孩子施加影响了。

榜样对孩子的重要性

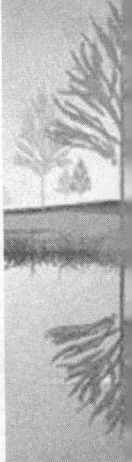

我们不论做什么，常常给自己找一个参照物。当我们遇到问题时想到的是榜样的吃苦和惊人的意志，同时，往往把这化成动力，最终达到目标。我们何不做孩子的参照物，给孩子施加好的影响。

列夫·托尔斯泰曾经说过，如果你期望孩子成为一个正直、善良和说一不二的人，你就要首先成为这样的人，用自己的实际行为感召和影响孩子。如果你做不到，就没有什么资格要求孩子。对于孩子来说，周围的榜样非常重要。当然，遗传因素对孩子非常重要，但榜样却可以使孩子适应环境，产生惊人的力量。

在所有的家教著作中，几乎所有的教育专家都重视父母对孩子的示范作用。他们认为，父母的"身先士卒"和生活习惯对孩子最具决定性的意义。有人认为，父母只有和孩子谈话或亲自教育孩子时才起教育作用。这就大错特错了，作为父母，只要和孩子们经常相处，即使不在家的时候，你的行为习惯，甚至你的音容笑貌都在影响着孩子。

谢秋玲是一个特别爱美的女孩，常让妈妈买漂亮的衣服和鞋子等。到了小学五年级时，她开始学着大人化妆。细心的妈妈发现，孩子越来越在乎外在形象，却很少学习了。

妈妈很着急，认为这样下去不妥，于是给孩子讲了很多道理，重申学习的重要性。谢秋玲却完全没有放在心上，仍旧天天爱化妆而不爱学习。

一招不灵，妈妈于是问她："你长大后做什么？"孩子说："我想上北京电影学院学习化妆专业。"妈妈知道孩子羡慕做化妆师的小姨。

翌日，妈妈请来了小姨，和小姨做了交流。小姨便和谢秋玲谈了一次心，讲述了自己曾经努力学习的往事。谢秋玲听了以后，感觉非常惭愧。小姨接着说："如果文化课成绩不好，想考电影学院恐怕很难。"孩子为此安静了不少。

经过这次谈话，谢秋玲变了，虽然还爱化妆，但她更爱学习了。

单纯地让孩子做一些事往往不奏效，引入榜样，深入孩子的心里，用一种孩子容易理解和接受的方式，教育才能取得好的效果。

孩子在自己生活中，常会自觉或不自觉想起你处理问题的方式来，以给他们提供借鉴。对此，我们或许感觉不到什么，但孩子却能体会到我们语调或动作中细微的变化。

再好的告诫和警示对孩子的影响都非常有限，父母对自身的要求，对家庭成员的尊重和忠诚，对自己蛛丝马迹的检视才是首要和最重要的教育方式。

什么可以引起量变到质变，什么可以使孩子潜移默化？答案是，来自于父母的耳濡目染。有什么样的家长就会有什么样的孩子。温文尔雅的父母，孩子一般也比较文静帅气；遇事百折不挠、不达目的誓不罢休的父母，孩子也是意志坚强、无往不前的人。父母是孩子一生的榜样，他们对孩子的影响就像烙印一样，在孩子的日常行为和脑海中无法抹去。

贴心一刻

1. 孩子就像一架摄像机。家长的角色对孩子起着启蒙的作用。孩子的心灵是纯洁的，一双天真无邪的眼睛，能像摄像机一样摄下父母的举动和言行。父母说话和气举止文明，孩子也会慢慢变得懂礼貌；父母经常吵架，举手打人，张口骂人，孩子性情也会变得乖戾。

2. 注意自己的言行。父母在生活的过程中，免不了磕磕绊绊，在进行争吵的过程中，要注意旁边或隔壁孩子的眼睛和耳朵，以防影响到孩子。

父母是孩子随处可照的镜子

在生活中，经常有这样的情形：

　　一位老大爷拄着拐棍，弓着身子，缓慢而蹒跚地走着，而我们的孩子看见了，便走到老人的前面，顺便拿起一个竿子，也弓着腰，低着头，缓慢而蹒跚地学着老人的样子走路；一个跛子如果在走路，我们的孩子也往往自觉或不自觉地学着跛子的样子；生活中，大人之间说话办事，也常被孩子拿去模仿、取乐。

孩子毕竟是孩子，先不从道理上说他们，这些行为标志着他们善于模仿，可把身边任何事物当做镜子照。

孩子在儿童时代所形成的认知标准、行为模式和各种是非价值观等对其影响巨大，往往决定他们一生的发展。这是因为孩子的婴幼儿时期是其各方面的初步形成的阶段。善于模仿是孩子的天性，孩子在生活中常常有意而无意地模仿父母的行为，甚至很多连父母本身都没有觉察到的细节。父母是孩子接触时间最长、关系最密切、最具权威性的人，是孩子模仿最深、影响最大的人。

从好的方面讲，父母直接生活在孩子的视野之下，他们每一点的善良、乐观、同情和公正等德行、智商都会在孩子身上反映出来。另外，父母的勤奋、节俭和干净的习惯也在潜移默化地影响着孩子，都会在他们身上反映出来。这些美好的品质和习惯对于孩子来说，都是非常重要的，也是未来一个家庭非常宝贵的财富。

孩子在很小的时候，父母的评判标准都依据他们自身的道德标准和价值观来进行的。这种尺子不是标准的尺子，孩子有时做了正确的事，在父母这把尺子看来，有可能是一件错误的事，相反，孩子做了错事，对于父母这把尺子来说，有可能是正确的事。

当然，什么事情也没有绝对的，孩子除了受父母影响之外，还会受到其

他人和书本等媒介的影响。他们如果具有足够的自制力，自我提升，心智受美和善的影响，也会逐渐形成自己的判断力，改变父母的影响。

贴心一刻

1. 要雪中送炭。父母如果积极救助那些比自己弱小的人，他们的孩子也会上行下效，这是美德。

2. 要有好品格。父母如果勇于进取、诚信，他们的孩子也是积极、坦诚。

3. 要有爱心。父母如果用爱对别人，孩子也会用爱对待别人，并在以后得到相应的回报。

4. 要豁达。父母善于原谅别人，孩子也就学会了宽容，得饶人处且饶人。

5. 能抗挫。父母如果笑对人生的失败，他们的孩子也会顽强地面对生活。

老子英雄儿好汉

我们大多都是有志气的人，为了克服困难，不怕苦不怕累，更不相信邪。好的事物都是努力得来的，我们不相信"王侯将相，宁有种乎"，也不相信"老子英雄儿好汉，贼子生来是坏蛋"的说法。在我们看来，这些都是彻头彻尾的唯心主义。

笔者在此想辩证地看待一下"老子英雄儿好汉"的问题。当然，在很多情况下，爸爸是英雄，儿子未必是好汉。同样，平民出身的人，儿子未必是平庸。这种说法我们不能全盘否定。但是从家教的角度来看，英雄的父亲最容易造就英雄儿子，同理，坏蛋老子更容易造就出坏蛋儿子。

有一个三岁的孩子，能够认识3000个字，可以在家里讲故事，表现很活跃。但是，测评老师让这个孩子当面讲一个故事时，这个

孩子却不敢讲。测评老师认为这是自信心不足的表现，也是孩子情商不高的表现。

这样的孩子往往家境比较优越，父母都是知识分子，但他们由于是老人和保姆带大的，自身的优越感染孩子有限，造成孩子在运动、语言和社会行为上能力较弱。

这是因为，好汉父亲在家庭环境中，客观上给孩子创造了有利于自身成长的好环境，见识要比贫困家庭的孩子要多一些。对于坏蛋父亲来说，其自身的局限无法培养孩子的优点，孩子只能跟其随波逐流。在此说明一下，这个好汉是相对的，是指那些热爱事业和孩子的父母。

有些父母看起来非常成功，他们一天早出晚归，收入丰裕，甚至腰缠万贯。但他们有一点共同的特点，就是品德欠佳，没有同情心，在这样家境成长起来的孩子长大以后，没有同情心和进取精神，会带来屡屡碰壁的命运。

什么是好汉呢？好汉未必是以一抵十的勇士，也未必是响彻寰宇的伟人。相反，好汉是那些或许丰功伟绩和做出惊天动地的事业，但是他们本分做人，自食其力。

贴心一刻

1. 影响孩子。父母要在一些事件中要表现勇敢和负责的精神，并把它传染给孩子。

2. 将自己的强项教给孩子。每个人都有自己的长处，父母可把自己有益的强项教给孩子。孩子耳濡目染，往往不费多大力气，就可掌握和熟练。

面对困难，自己先做到

有这样一个文学巨匠，他小时候的学习非常差，最后还被学校开除。这一切深深地刺激了他的父亲。这位父亲深爱自己的儿子，为了教育好他，制订了一系列的育子方案，并将自己全部精力投入了进去。每天早晨刚一亮，他就把儿子叫醒，然后和儿子一块背诵古诗。吃完早餐，他又教孩子英语。之后，两人一块活动，散步时讲授各种知识。休息完后，他继续教孩子读英语。晚上，两个人一块在室外看着无边无际的天穹，他给儿子讲授天文知识。在父亲的亲身示范和精心教育下，儿子的学习兴趣被彻底调动起来了。父亲趁机把家里的各种藏书给孩子阅读。

这个孩子就是泰戈尔。泰戈尔读了大量的有价值的图书，比如，各种名著等等，为自己积累了大量的写作素材。不久，他写出第一部诗剧。父亲不断地丰富他的知识，对他精心引导，率先垂范，终于使他成为名扬天下的大文豪。

可以看出，如果没有父亲的率先垂范，泰戈尔可能一生处于平庸之中。正因为父亲的以身作则，将他培养成闻名遐迩的大文豪。

在对孩子进行家庭教育时，父母往往就像拿着皮鞭的监工一般，一直逼着孩子做，而不考虑方法是否可行，方式是否得当。即使我们做孩子的作业，也不一定会做出来。因此，父母应考虑这种问题，带头规范自己的行为，言传身教，对孩子适当宽松些。

一言一行都成为孩子的表率，而且父母的这种示范作用应是全方位和立体化的。这样既可以树立和提高家长在孩子心中的威信，又可以让家长把握教育孩子的主动权。

在生活中，不局限于父子，即使朋友或邻居之间，这样的事情太多了。比如，我开了一个店，非常赚钱，于是想，让自己的亲友再开一个类似的店，照样赚钱。

很多父母在教育孩子时，只是单纯地说"要好好学习，不要玩"之类的话，往往无济于事。因为在孩子那里看不到玩比学习要好的效果，玩是多么愉快的事情，学习对他们来说是一件"受罪"的活计。有了父母的榜样就不一样了，孩子就会受环境的影响而改变。

贴心一刻

1. 善于学习。人接受知识是不一样的，孩子领悟快慢的程度也不相同。父母如果给孩子做好学习的示范，再给予引导，孩子也就会解决了自己的问题，继续踏上前进之路。

2. 学会做人。父母首先自己要学会做人，要有自己的分辨力和价值观。这其实就是培养孩子的好品格。

3. 多做对孩子有意义的事。父母平时要多做好事、善事，多雪中送炭，助人为乐。可培养孩子正确地处理各种人际关系。孩子学会了做事，就能更好地适应社会。

教孩子克服困难的本领

刘某是我的一个朋友，他通过自己的奋斗，成了京城著名的网络商务的领航者。在一次聚会上，他这样告诉我关于他父亲的事。

那一年，我上高二，在省城的一个中学寄宿。当时，我是一个典型的坏孩子。打架、欺负小同学的事情做的不少。一次，我与几个孩子吵架，冲动之下，我把一个孩子刺伤了。

我当时不以为然，认为凭父亲的关系，这算是小菜一碟。

但后来被判劳动教养九个月。消息传来，我的母亲深受打击，住进了医院。周末回到家，姐姐妹妹郁郁寡欢，严厉的父亲却一言不发。吃饭时，父亲做了一件我从没来见过的事情：他大声哭了起来，呜咽地说道："这是我哪里的失败啊？"

顿时，我心里惭愧到了极点，没想到我最敬爱、最崇拜的父亲竟失望到了放声痛哭的地步。这是我长大以来，第一次看到父亲由于自己不好所带来的可怕后果。我知道，此事使家庭蒙受耻辱。我也决定好好改造自己，再也不做类似的傻事了。

我本出身农家，父亲原是一个民办老师，但也是一个勇于竞争的人。后来，他靠着自己的努力，转了正。再后来，父亲被派往镇政府担任秘书、副镇长，直到现在的局长。

翌日，他在送我的路上说：不管你是谁的孩子，一定要为自己的行为负责。要想改变生活，需要的是行动。

父亲带给孩子的是深刻的教训，而不是袒护。他如果没有这次教训，就不会有后来的奋发图强。孩子劳动教养其实是父亲想通过让孩子改造，痛改前非，重新做积极进取的人。父亲的引导不是简单的引导，他引导了孩子的另一种人生。人生的路有很多条，可以通行的却只有少数几条，而人生的路却很长，关键是选择正确的路。如果你领孩子走对了关键的几步，那就注定了孩子将在以后的人生中一帆风顺。

父母如果学会引导孩子，孩子就会逐渐增强自己的各种能力。比如，孩子遇到困难，父母可给孩子做示范，引导孩子如何一步步地克服困难。犯错误的时候，父母应让孩子反省自己，找到问题所在，从而杜绝下次发生。孩子取得好成绩的时候，父母要不骄不纵，要让他看到前方更远更高的目标，从而迈向更大的成功。

贴心一刻

1. 引导学习。学习对人生的重要性很大，"活到老，学到老。"就是针对孩子的具体学习情况。

2. 引导职业。孩子喜欢什么，什么具有潜力？这是父母应该考虑的问题。因为，职业目标涉及孩子一辈子的生活质量问题，家长不可不重视。

3. 引导情商。情商对孩子的发展成长非常重要。父母应引导孩子交友，体验生活、修正错误、建立良好的品格。

要求孩子之前，先严以律己

在生活中，我们希望孩子成为完美的人，下面是我们常常希望的：

1. 孩子是对父母不撒谎，对别人也是守信用的人；
2. 孩子每次都能按时完成作业，而不用父母催促；
3. 孩子学习进步了，而且在以后学习中更加严格要求自己；
4. 孩子勤奋俭朴，不随意花费父母的金钱；
5. 孩子不以别人的优越来要求自己，更多的是把精力放在学习上；
6. 孩子从不浪费光阴，刻苦学习；
7. 不沾染不良习惯，不抽烟等。

上面的事情是每一对父母希望孩子做到的，但人是具有欲望的，吃喝玩乐是我们的本性，这是我们不用学就能会的，我们的孩子有那么乖吗？父母在问这个问题之前，何不问一下自己：我希望孩子能做到这些，可我做到了吗？我会在生活中严格要求自己吗？否则，我又有什么资格要求孩子那么做呢？

我们都知道，财富是很有限的，再多也经不起浪费，挥霍更是朝不保夕。作为父母，应给孩子一个怎样的身教示范呢？请看下面的例子：

有这样的一个工人家庭：妻子下岗，在家带两个孩子，丈夫日夜操劳，但其薄酬也仅够平时的生活开销。遇上孩子感觉发烧这样的病症，大夫开了药方无法买药，只好到小药店买类似最便宜的药。但他们的精神生活却非常充实，一家人和和睦睦，一起散步，一起阅读，一起交流，着实让人羡慕。后来，两个孩子都学有所成，顺利安家，成为有用之才。现在，夫妻二人在家尽享天伦之乐呢。

前段时间，我读到一本书，书里把家庭巧妙比作一个池塘。它的恬静和美丽在于水的流淌和律动紧张相连。家庭的恩爱与和睦在于家庭成员丰富多彩而积极的共同生活：有的做饭，有的打扫卫生，有的布置房间，各司其职。闲暇时，一起出外郊游，一起交谈沟通，一起庆祝生日，其乐融融。这样，家庭融洽的人际关系就自然形成了。

严以律己对个人的成长和事业成功非常重要。无论做什么，在你要求孩子之前，先考虑一下，己所不欲，勿施于人。孩子的品格与父母的品格相关。父母的知识、道德、修养和才能等就像火山底下的岩浆一般，积累得越丰富，孩子成长的爆发力就越强。因此，父母只有为孩子做出表率，孩子才能在生活中意识到什么应该做，什么不应该做。

贴心一刻

1. 思想道德。一般而言，孩子的思想道德取向与父母的思想道德具有惊人的相似性。父母如果为人正直，乐于助人，孩子长大成人后，一般也具有类似的品质。

2. 生活作风。勤劳朴素是中华民族的传统美德，父母应把它在自己和孩子身上发扬光大。

3. 学习方面。父母的文化素质和学习习惯非常重要，而且，由家庭所塑造的学习气氛对孩子影响非常大。

4. 文明做人。父母应在家创造一个家庭和睦的家庭气氛。同理，父母和孩子在外处事，也会表现同样的特征。

父母自身养成良好的习惯

请看下面的问题：

1. 你在家里抽烟吗？

2. 你喜欢博彩吗？

4. 你经常会把家里收拾得干干净净吗？

5. 你会经常喝得酩酊大醉吗？

6. 在外开车，你经常闯红灯吗？

7. 你是一个说一不二的人吗？

······

"没有规矩，不成方圆。"儿童阶段是养成良好习惯的重要时期，一个人如果养成良好的饮食、睡眠、学习、卫生等习惯将会终生受益。

父母具有好习惯也对孩子十分有益，反之，则十分有害。因为孩子是在家长行为的观察和仿效中长大的。为了孩子的成长，聪明的父母就十分注意自己的行为习惯，甚至为此不断修炼自己的品行。期望孩子成为什么样的人，自己首先应该是什么样的人。父母自私自利，孩子也一心为自己考虑；父母见利忘义，孩子也过分注重物质利益的追求；父母为利益不择手段，孩子也会铤而走险；父母不思进取，孩子也缺少目标和奋斗精神；父母认为读书无用，孩子就会放弃学业，过早进入社会。

> 王静的妈妈平时将用过的东西随手一放，随便给它们"安家"，几天下来，家里便混乱不堪起来。一个星期日，王静正在家里写作业。忽然电话响了，王静拿起电话接了，一听是姨妈打来的，便把电话交给了妈妈。妈妈接了电话之后，便对她说："别写了。20分钟后你姨妈就来咱们家了。家里这么乱，赶快帮我打扫一下家里。"
>
> 可以想像：母女俩一阵把杂物东塞西藏，打扫清洁，丢垃圾······

为什么会这样，当然都是平时的不良恶习所导致的。孩子看在眼中，自然会加以仿效，玩具玩过后随地一丢，等到下次要玩时却找不到了。之所以会这样，并不是他们天生就不爱收拾，而是"耳濡目染"父母的行为所致。

一位教育家说得好："孩子的眼睛是录像机，孩子的耳朵是录音机，孩子的头脑是电子计算机。"父母只有好的行为习惯，孩子那里才能创造好的东西来。在很多情况下，教育孩子不是靠说出来的，而是靠做出来的。否则，你说的话孩子就不会听，因为好话谁都会说，它却显得那么苍白无力。

贴心一刻

1. 养成良好的行为习惯。通常，父母的行为直接暴露孩子的视线之下，孩子又由于最善于模仿。所以，父母是孩子模仿的首要对象。

2. 养成良好的生活习惯。父母和子女通常是生活在一起的，休息、吃饭、学习等等无所不包。对于好的生活习惯，需要每个家庭成员遵守。

3. 养成良好的学习习惯。人生就是一所大学。学到老，活到老。……这些至理名言都客观上要求我们在人生这所大学中处处学习，不断进步。否则，你的放松和松懈会影响到孩子，再好的家境也在你的孩子这一代戛然而止。

怀揣积极进取的态度

或许，做为父母的你，已经知道心态的重要性，比如，心态可以决定命运，而态度就是心态的一个重要方面。保持好的心态是我们自己的事情，这是每个人都应该做到的事情。可很多时候，父母们做了情绪的俘虏，因此在这里很必要再谈一谈这件事情。

先来看看你一天在家可能所做的事情：

1. 玩麻将，扑克；

2. 喝酒；

3. 串门；

4. 在家闲聊；

5. 把时间交给电视；

6. 外出娱乐；

7. 给孩子找个茬，怒其怎么没有努力看书等等之类，再来上一番无休止的说教。

……

在生活中，一些父母在做着这样的事情。他们在享受、消磨生活的时候，孩子也想"享受一番"，在这样的家庭气氛下，根本无法积极起来。

此外，父母如果在单位挨了批评，可能在家会喝闷酒，郁郁不得志，甚至指桑骂槐，这些都"教"给孩子一种生活不积极的态度。相反，家长如果困难重重，可依旧按部就班地生活，脸上洋溢着笑容，孩子看到的是生活乐观的父母，自己也会快乐地学习或生活。

对于一个孩子来说，如果自幼生活在父母压抑的情绪之中，就会很容易看破"红尘"，感觉前途迷惘，从而也就失去了创造性和努力进取的心态。这对父母来说，这是教育的失败，做父母的失败。只有家长有了进取精神，才能教育孩子好学上进。

刚考完试那天，我问过孩子考得怎么样，他不说。后来开家长会，发了各科试卷，我才看到孩子不理想的成绩。这次考试对孩子很重要，他考得不太好，我有些生气，狠狠地责备了他。以至于那天早晨他一路哭到学校。

其实，我的心里很不好受，明明知道应该"不吼不叫"，但还是忍不住，我知道，我的修养水平很不够，并不是一个好妈妈。

要让孩子学会忍耐、宽容，你先对孩子忍耐、宽容；要让孩子有一种积极健康的人生态度，你自己必须积极健康。很多时候，孩子们是不快乐的，有的承载着父母太多的期望，有的却纯粹处于饲养状态，得不到父母应有的关心。

因此，作为父母，要时刻注意自己的言行，在孩子面前保持足够的警惕，即无论在生活中遭受什么困难，遇到什么障碍，父母都要时刻保持积极进取精神，给孩子施加好的影响，从而让其在人生中积极进取，一往无前，以适应知识经济时代的发展和市场经济的竞争。

贴心一刻

1. 不怕失败、挫折。父母是孩子遮风避雨的保护伞，遇到凄风苦雨，坚强挺立，努力进取。做事情要预备好失败的准备，不怕失败，百折不挠。

2. 培养自信。自信心对一个家庭来说，非常重要。父母本身具有的自信，对孩子来说是一种魅力，指导着他们的行为。大家都是人，别人能做到的，我也能。

3. 积极冒险。取得好成就的前提要敢于冒险，而逃避永远不可能成功。

言行一致、表里如一

你存在下面的问题吗？

1. 和孩子生活的过程中，你答应过孩子的事情，经常失言吗？

2. 在你处分孩子时，经常用每次都不可能执行的处分来恐吓孩子吗？

3. 在未来没有确定或明朗之前，你仓促做决定吗？

当孩子或别人有求于我们的时候，我们具有选择权，既可以选择帮助他们的权利，也可以选择不帮助他们的权利，因为我们根据自身的情况和对事物的看法来作出决定。如果我们一旦答应了孩子，就必须把它进行到底——做好它。

我国的历史源远流长。当我们有所行动的时候，古人马上就可以给我们提供类似的事情作为标准答案之类的东西。在此，我们可以学习古人为人处世的智慧，以便在我们身上防微杜渐。真诚守诺也是这样，古人给我们提供了季布的"一诺千金"、曾子教育孩子的"曾子杀猪"。这些都说明了什么？

说明真诚守诺的重要性。否则，真应了那句："言而无信，不知其可也"。

在生活中，无论面对成人或是孩子，都要有诺必行。

到周末儿子要打乒乓球，届时必须由爸爸作陪。这是父母已经答应儿子的，还是在儿子拉着父母的手、再三请求的情况下答应的。儿子看到父母答应了他的要求，那天都非常高兴。当然，父母也知道，周末的时候必须休息，这是一定要做的事情，以遵守对儿子的许诺。

很快地，到了周五晚上，令人高兴的是，天气挺好，繁星满天，预示着周末是一个很好的天气。但就在这时，出版界的一位朋友要和孩子爸爸讨论有关书稿的事宜，要他明天必须处理有关书稿的一些问题。因为这本书要赶在周一印刷出来。

没有办法，爸爸对儿子的承诺要泡汤了。第二天早上，他早早地起来，看着还在熟睡的儿子匆匆出发了。到了第三天晚上，他才拖着疲惫的身子回到家。妻子埋怨他说："你走后，儿子醒来，准备打乒乓球时，发现你不见了，心里非常难过。生气地说'那个说话不算话的上哪去了'。整整一天，儿子都在念叨这事。"

事后，他一再向儿子解释这事，儿子哭着说："可这是你已经答应过的呀！"父亲感觉很内疚，此时才真正体会到曾子的高明，尽管他损失了一头猪。

在孩子心中，父母是完美的，可信赖的。孩子在向成年阶段过渡的过程中，逐渐摆脱对父母的完美幻想。幼时，孩子把我们当成完美的人，因为我们是他们安全的保障和庇护者，父母给他们提供可口的食物，守在他们身边，时时在他的视线里，给他们提供安全。当孩子稍大一些时，父母是可以信赖的，因为父母犹如奥特曼，可以赶走怪兽。否则，儿子会有怎样的幻想和恐惧？

平时，父母要和孩子如何沟通？这是信息的传递和计划的履行。当父母答应儿子打乒乓球的时候，沟通的本身是打球。这个信息在和儿子以及妻子之间产生互动关系。守住了承诺，要比一本书的推迟出版重要的多，他的孩子还可以避免心灵的伤害。

对于儿子来说，如果他的爸爸和他顺利地打完一场球，他所知道的就是，他是重要的，不可忽视的。这些承诺其实包含了很多重要的人生课题，没有必须叙说理论，只要遵守许下的诺言，对孩子的教育自动会硕果累累。

"言行一致，表里如一"可以促进人们之间的交流，也可以让孩子更加信赖父母，而避免父母浪费口舌。反过来说，父母采取言行一致也是教育孩子的一种艺术，因为它无需吼叫就可以起到教育孩子的目的。

贴心一刻

在生活中，要教育孩子，如果遵循下面几项原则将使您更容易实现言行一致。

1. 不要惩罚孩子。当你情绪过激时，容易说出过火的话，但这会违背父母作出的承诺，在以后将形同虚设，很难执行。

2. 别对孩子撒谎。在教育孩子时，父母可能对孩子说，我不想打你，可实际上，你必须打孩子。

3. 认识"成功没有侥幸"。或许，在孩子面前完全遵守自己的承诺，有些困难，这就要求自己必须严格要求自己。

4. 选择可以执行的承诺。父母一般不要轻易向孩子许诺，在你许诺之前，首先要考虑到它的可行性，如果不可行，就不要答应孩子，免得以后棘手。

做学习型家长

下面的问题非常重要，请对照一下自己：

1. 你是否给孩子创造了一个良好的学习环境？

2. 孩子在家学习，你一直做监工，还是做辅导员？

3. 你在家经常帮孩子做作业吗？

4. 平时，孩子做家庭作业时，做父母的你注意看了吗？

5. 你了解孩子的教材和一些相关辅导书吗？

6. 对于孩子，你注意情商的教育和训练吗？

看完上面的问题后，你如果仅符合两项或一项，说明你的家教做得不怎么样。

在现在的教育形势下，很多父母存在着问题，而他们却一直抱怨孩子不听话，不服管教。在社会高度文明的今天，孩子吃的或用的都是最高级的，可他们却总是和家长对着干——不服管教，也不好好学习。

这个问题看起来非常棘手，行动起来非常地难。答案在哪呢？那是家长教育孩子只是想当然，急功近利，总按照以前的老套路教育孩子，而不了解现代教育。如果一直延续老一套的教育方式，已无法适应孩子成长的需要，也就不能培养出综合素质强的孩子。

> 有一次，一个孩子满怀希望地对父亲说："我其他的功课较弱一些，但语文占有很大的优势，将来上大学里的中文专业不成问题吧。"父亲说："行了吧，你！世上哪有这么美的事，高考看的是总分，不是哪一门的成绩好。"孩子听了，心中闷闷不乐，感觉自己心中的希望破灭了。
>
> 在后面的学习中，每当他想起父亲轻描淡写的话语，便感觉心凉了半截，学习不像以前那么有劲了。

其实，例中的父亲缺乏家教基础知识。孩子心中的烈焰绝对不可以浇灭的，这是原则。父亲如果换一种思路和态度，比如说："中文专业好，我支持你，你以后可能成为一个有名的学问家。我觉得你其他学科也可以学好，只是没有摸着门道。如果把总分提高了，就像大学的校门迈近了一大步。"显然，这效果要好得多。

一些父母读到这里，可能战战兢兢地问：自身的文化水平非常有限，经济条件也不如别人，做的都是低级的粗活，想做学习型的家长难上加难。其实不然，这种担心是没有必要的，只要您真正爱孩子，愿意为孩子牺牲自己的一些时间，是完全可以做到的。学习型的父母并不是非得要大专学历，也不要求具有广博的知识，不必学习非常系统和正规的家教知识。只要懂得给孩子提供良好的学习环境，怀有强烈的好奇心，学习型家长是不难做到的。

做学习型家长，并不是要把孩子的成绩提得非常高，而是对孩子正确人生观的形成和远大理想的树立，具有不可低估的作用。

一位伟人曾经说过：学习，学习，再学习。时代在日新月异地变化着，对父母的要求也是与时俱进的。不断学习充实提高，才能适应社会的要求。教育孩子也是这样，学习家庭教育观念对于帮助孩子的成长具有非常关键的作用。

现代教育心理学的研究揭示，家庭文化环境因素是影响孩子发展的重要因素。父母如果常常读书看报，手不释卷，家里会充满浓厚的学习氛围。在父母的言传身教下，孩子就会把这变成自己的学习兴趣，产生强烈的未知欲和进取心。

贴心一刻

如果你真要想把自己变成真正的现代家长，下面的方法对您至关重要。

1. 为孩子营造良好的学习环境。学习型家长首先要为自己营造一种学习的心境，进行自我教育。

2. 坚持学习到底。做学习型家长首先要有毅力，给自己充分的自信，持之以恒，不断提高自己。

3. 打好基础知识。学习型父母首先要学习并参透现代家教理论，比如多读一些有关教育的名著等等。

4. 与孩子共同成长。父母应在家庭教育生活中，随时准备改变自身，随时进行自我反思，自我提高，自我超越，和孩子共同美好成长。

5. 研究孩子提出的问题。父母对孩子提出的问题要有一定研究精神，对各种问题问一个"为什么"。并及时询问孩子的感受，不急于判断是非，也不急于严加管理，不轻易下结论。

第四章　父母不是在教育自己

——走进孩子的心灵

> 设身处地是一种神秘配方，它构建了互相关怀的人际关系所需要的基础。它和空气与水一样，是我们生存不可缺少的。
>
> ——杰里·威科夫

如果想要教育孩子，就要知道他心里想的是什么。无论是学习还是其他方面，都不要把孩子逼得太紧，要弄清绊住孩子的障碍是什么，还要引导孩子的兴趣，鼓励他们，给他们以信心，顺利向前。

孩子需要什么

孩子既然不能用强硬的教育方式，那么，他们就令父母变得麻烦起来。因为，孩子的行为常常让父母不知如何是好。父母们也想对孩子和善，但孩子的表现让他们感觉无论如何也做不到，导致一些好的沟通方法用不上。

这是为什么呢？这是父母既定的思维妨碍了他们去了解和理解孩子，以致找不到合适的方法应对。实际上，孩子的行为本身并没有对与错，这仅仅是生理和情感的表现。父母对孩子的行为作出评判时，父母的标准不是来自孩子本身，而是既有的观念对孩子行为的理解。

有一个叫何进的孩子，由于学习基础没有打好，上课听不懂，造成自制力差，考试成绩差，但这个孩子个性倔强，爱面子，喜欢争执。

在一次数学课上，这个孩子和老师当面顶撞起来。事情是这样的，这个孩子忘记带笔，便回头向后面的同学借。数学老师看到他不注意听课，便大声吼叫，说他如何差，不是来上学的，是来混日子来的。孩子一听这话，心里接受不了，便当众与老师顶起来。

其实，后进生也需要理解、尊重和信任，对他们的教育不能心急。侵犯了孩子，孩子便无所顾忌了，老师如此，何况父母？

孩子的行为其实就是生长生活，诸如睡觉、吃饭、穿衣保暖等，而孩子那里表现出来的要求都是情感上的。孩子的表达不符合父母的观念和预期时，父母往往对孩子作出各种不同的反映，要么生气，要么高兴和赞赏，要么不管不问。这些反映就是正确的吗？当然不是，父母只是对自己过去的思想的反映，而不是针对孩子现在或以后的行为。因此，只有摆脱过去的干扰，着力于孩子眼前的事实，你的教育才是有效的。

父母的头脑就像一部辞典，只要看到孩子的一个动作，就可以给它做出无数种的解释来。一些问题的答案往往是错误的，张冠李戴的。比如，一个

孩子从较小孩子手中夺走玩具，父母可能解释为：孩子的性情粗鲁而无情。其实，这只是孩子的一个单纯动作，或许他想要这个玩具，也觉得好玩，头脑中还没有照顾较小孩子的意识。或许他是想吸引你的注意力，以表明自己"厉害"……总之，不要轻易给孩子贴上标签，也不要进行各种复杂性的过度分析，而应看做是一种自然和平和的反映。

一些父母不能忍受孩子的行为，他们气恼、痛苦，接下来就是要制止孩子了。这并不可取。在你的干预下，孩子可能被迫放弃了自己的行为，但他还会以其他行为来表达自己未被满足的需要。

孩子的行为往往源自他内心真实的需求，或许他的行为看起不可思议，甚至有些荒唐。但如果正确理解他的想法能以正确的心态面对，顺其自然，就会有利于孩子的成长。因此，父母应把注意力集中到孩子身上，对孩子的行为作出正确的反映，了解他们情感需要。下面是孩子的情感需要：

1. 爱；

2. 自我表现；

3. 安全；

4. 独立自主；

5. 强大；

6. 自信。

如果以上的基本需求如果一直能够得到满足，就会为孩子今后的生活打下坚实的基础，使他能够充分发挥潜能，积极进取，以宽容乐观的态度对待自己和他人。

贴心一刻

1. 父母要正确理解孩子的不良行为。当孩子做出令大人不可思议的事情时，父母要从另一方面看看孩子心底的原因是什么，孩子真正需要的又是什么。

2. 掌握孩子的日常生活需求。在生活中，父母要正确了解孩子的需要，弄清孩子做事背后的动机。

让孩子从心里接纳自己

通常，父母是在用自己的感觉代替孩子的感觉，认为他应该如何，不应该如何。但父母和孩子的看法是有差异的，有些事情虽然在成人眼里是小事，但从孩子的角度来看，可能是很重要的。走进孩子心灵的最佳方法，莫过于耐心聆听他们的感受，鼓励孩子说出自己内心感受，教导他们用言语把心事和感受表示出来，这对孩子的心理健康是极有帮助的。

孩子把心事吐露出来，就会觉得轻快和舒服，借这个机会了解孩子的心情，然后想办法安慰和鼓励他们。如果不接纳孩子的不良情绪，就很容易造成父母与孩子间的冲突，容易导致孩子情绪发育异常，甚至可能会导致孩子心理障碍。因此，父母要注意观察孩子的情绪，注重孩子的感受，弄清孩子的真实想法，这有利于疏解孩子的不良情绪。

在考前，陈进便向父亲"邀赏"：如果考试进入前五名，就全家外出旅游；如果考试进入五至十名，便去麦当劳饱餐一顿。不久，成绩下来，陈进考了全班第九名。到了周末，陈进对父亲说："爸爸，今天请我去吃麦当劳吧！"父亲说："可以。但爸爸不是因为你考了前十名请你，而是爸爸爱你，即使倒数第一，也照请不误。"

孩子在一旁听了，不耐烦地说："行了，行了，知道了。"

爱孩子本身，而不是爱孩子的成绩，孩子便会从心里感觉自己在父母心中的位置。其实，例中的孩子嘴里说"行了，行了"，心里肯定美着呢。

教育孩子可以在很多场合，如公园、家、公共汽车站、小区等。下面是一些父母在教育自己的子女：

"赶快把地上的纸捡起来，把它扔到垃圾筐内，并打扫干净，否则，别想吃饭。"

"嗨,你不要再和小丽玩,她经常弄坏我们家的东西,你可以找其他的小朋友做朋友。"

"因为我是你的爸爸,所以,让你做什么,就做什么!不许违抗。"

"你今天必须要做完这50道数学题,否则,晚上的'竹笋炒肉'(竹条打屁股)等着你。"

"你一定要把这几首曲子弹完,才能睡觉,没有选择的余地。"

以上都是父母在教育孩子时的谈话,从父母强硬的口气中,我们可以看出父母的独裁和强制。父母们在说这些话的时候,可能感觉非常地坚定而不可侵犯。但教育的实际效果如何呢?——微乎其微。没有哪一个人喜欢被强制,即使孩子也是如此。

父母和孩子沟通没有什么妙招,通过对话就可以解决问题。父母在表达自己的要求时,要让孩子沉下心来,将注意力集中到你的身上,然后你清晰而反复解释自己的决定。让他明白,你这样做的原因。最好在可能的情况下,让他参与到你做决定的过程中。

这个解释非常重要,它不是絮絮叨叨地没完没了,也不是找理由和借口,而是自然地传授。孩子听后,就知道做事情的原因和好处。当然,只有解释似乎还不够,还要听取孩子的意见反馈。父母如果觉得合理的,要予以采纳。

贴心一刻

1. 弄清孩子。不管什么问题都有解决的办法,前提是要先弄清孩子哪里出了问题。父母在孩子做事的过程中,感觉孩子在捉摸不定、模棱两可的时候,可以给予提示解决问题的方法,指给孩子道路。

2. 尊重孩子。人人都有被尊重的需要,孩子也是如此。父母应尊重孩子,向他耐心解释,耐心倾听他的想法,等等。

给孩子贴怎样的标签

周老师是一位教学经验十分丰富的老师，工作很忙，常年为毕业班把关。由于把精力主要用在教学上，自己的孩子很少管。当她看到孩子经常拿回不及格的卷子时，便当众批评孩子："你是我见过的最差劲的孩子，简直不可救药了。"为此，孩子常常感觉心中很委屈，常与母亲当场顶撞："你也是最差劲的妈妈，人家都把爱给了自己的孩子，你却给把爱给了别人的孩子。"

一次，周老师看到孩子不理想的成绩后，再次发火："你和我班的倒数第一的那个孩子很像。"孩子怒不可遏，说："你还是不是我妈妈？"……

本来，丰富的教学经验是她的优点，但她过于自负，将孩子映射自己所教的后进学生，经验却成了她和孩子沟通的障碍。

有的父母常常用下面的言辞教育孩子。

"你是一个不可救药的人。"

"同学，你这辈子算完了，我没有见过比你更坏的学生了。"

"你每次考试都不及格，为什么吗？因为你是班上最差的学生。"

"唉，让我说你什么好，8点上课，你常常9点半到，干脆，我以后就叫你'九点半'吧。"

……

贴标签会让孩子很受伤，特别是负面的标签，无异于"恶毒的流言"一般，打击着孩子脆弱的心灵，时时抽打着孩子的自信。贴标签对年幼的孩子来说，无异于盖棺定论，对其前途造成怎样的影响？

当然，并不是所有的标签都是坏的，有的老师和父母为了鼓励孩子，可以加上一些善意的标签，诸如"大有前途"等之类。虽然如此，我们并不能

说，好的标签就是完美无暇的。实际，标签都有作怪的能力，这个标签有时像影子一样，陪伴我们，影响我们对自己和问题的定位和看法。它是如何影响我们的呢？

有些标签就像一个个诅咒，在束缚着我们的孩子。实际上，孩子在某一时期的表现，并不能表明在其以后的人生中会有同样的表现。父母和老师对孩子一时兴起，贴下的标签只是孩子生命中的一个小片段，却没有从更宽广的角度去探究孩子其他的可能。无论好的标签，还是坏的标签，都将大大限制孩子的发展空间，妨害孩子发展的自由。

贴心一刻

1. 不要给孩子贴标签。你如果有给孩子乱贴标签的习惯，千万要打住。我们要从自己的内心开始，自然地克服我们试图给孩子贴上标签的欲望。因为世上没有一个人永远保持一个恒定的状态，也没有人永远懒惰，永远聪明，或永远恶行累累。给孩子乱贴标签，对孩子是没有好效果的。

2. 不干预孩子的爱好。孩子表现出绘画和音乐等方面的才能时，父母应因势利导，也不要对孩子的爱好盖棺定论，让孩子被动地做这方面的事情。

引导"野性"

有一个叫弗里茨·普雷格尔的小男孩，他从小失去了父亲，却受到妈妈百般疼爱。

但普雷格尔非常任性，经常淘气惹祸，不断有人上门来"告状"。面对邻居们的抱怨，他的妈妈时常偷偷落泪，为自己没有教育好孩子而难过。

　　一次，隔壁的伍德太太带着儿子找上门来，对普雷格尔的母亲生气地说："来，看看你的儿子普雷格尔都做了些什么。"普雷格尔理直气壮地说："汤姆，你把你母亲带来，我也不害怕！下次你再说，我还揍你。"

　　"看看吧！这就是你的淘气孩子！"伍德太太气得大叫起来。

　　母亲只好向她连连道歉。而伍德太太则冷冷地说："这就是没有父亲管教的孩子吧。"母亲听到这话，再也忍不住了，伸手打了儿子一巴掌。

　　普雷格尔咬着嘴唇，眼里含着泪光说："是他先骂我是个野孩子，我才打他的。"伍德太太不好意思地拉着孩子走了。

　　接下来，屋里只有儿子的抽泣声。这位母亲说："孩子，你父亲临终时嘱咐我要好好教育你。为了你和其他孩子一样快乐、幸福，妈妈拼命地赚钱，从没有好好休息过，手上长满了老茧，甚至头上出现白发……"说着，母亲不由自主地落下了眼泪，她接着说，"一个真正的男子汉自己不会轻易流泪，更不会让母亲伤心。"

　　听完妈妈的话后，普雷格尔马上停止了抽泣，转而握住妈妈的手说："妈妈，我以后再也不惹您生气了，更要做一个优秀的男子汉。以后，我会让您为儿子感到自豪的。"

　　最后普雷格尔竟真的实现了对母亲的诺言，他创立了有机化合物的微量分析法，而荣获1923年的诺贝尔奖。母亲再次落下的是骄傲和幸福的眼泪。

　　孩子"野性"是因为他意识不到自己的责任，缺乏责任感。父母如果唤醒孩子的责任感，让他自己发现自己的责任所在，就自然地化作有意义的实际行动了，这要比单纯地打骂孩子有效得多了。因为，孩子只有意识到自己所负的责任，才有可能担当起自身的重任，处处自律，努力拼搏，实现目标。

　　孩子的任性和顽皮等"野性"是父母们非常讨厌或担心的事情，害怕他们一不注意就惹出麻烦来。孩子的这些行为固然不好，但父母如果用正面的眼光审视，加以重构，从中发现孩子的一些特质，那么，进行有针对性地培养孩子就不是一件难事了。

对于在墙上乱写乱画的小杰来说，父母应赋予她光荣的任务，可以要求她在图画本上画出斑马、狮子等等之类。父母平时可教她认识一些色彩，介绍一些著名画家等等。除了不在墙头或地板上乱写乱涂之外，还可以给孩子提供让其任意支配的画纸、彩笔等等工具，这些做法有助于引导孩子克服乱写乱涂的行为，以消耗他们的精力，去除"野性"，增长他们的见识。

对孩子来说，父母需要构想和找出适合孩子的目标或娱乐，并提供有助于孩子往这方面成长的工具，比如，游览大山大海，出去时，别忘了给他带着画夹，画笔等写生的工具。这样一来，孩子就有了发挥自己在欣赏美景时急切作画的心理冲动的机会。当引导孩子成功后，他的笑容会更灿烂。

贴心一刻

1. 不要对孩子要求过高。孩子做这些的同时，对他们的成长和发展是有好处的，但父母需要注意是：他们始终只是一个孩子，不可对他们要求过高。孩子在即兴创作时，父母不要使用"必须"、"绝不"等字眼，避免增加孩子的压力，让爱好变成厌恶的东西。

2. 父母要适时地激励孩子。如果孩子拿着一大叠"惨不忍睹"的"杰作"要求你欣赏时，你不要批判孩子，可以从中挑出几张比其他画有进步的作品，对孩子说"如果想做得和这几张一样好，就需要多努力一点。"就像爱因斯坦做出的蹩脚的小板凳，总能找出一点亮点来。

3. 父母为了让孩子体验某种成功，可以有意识地策划一番。比如，父母让孩子摆一个积木，把积木弄成目标所需要的材料，让孩子很容易地摆出来。在这个过程中，除非是赞美的话，其他的一点不说，不作任何评价。

关注孩子心灵的蛛丝马迹

"再给我两块巧克力。"

"妈妈，我的玩具都玩腻了，请给我再买几个新式玩具吧？"

"今天领我去世界海洋馆，好吗？"

"其他小朋友都有托马斯小火车的玩具，也给我买一套吧。"

上述问题不少父母在生活中经常碰到，你是满足了孩子的欲望，还是设身处地为他进行考虑呢？其实，不向孩子妥协，并不意味着对他不关心。当这样的情况发生时，你可以这样告诉你的孩子："很抱歉，我也替你难过，但我们不能买的。"

孩子在向你作这些要求时，你知道他需要什么？他的心里想的是什么？答案是尊重、包容。利用尊重和包容的态度可以和孩子建立彼此的尊敬和合作。当孩子感觉你对他无条件地关爱时，他将表现得更优秀、坚强，更能在他的处境应付自如，并因此更加信赖你。而且，他还会克服一个个的困难，应对不断的挑战。

有一位母亲，平时对孩子的学习要求很严厉，甚至到了苛刻的地步。孩子考试如果达不到"规定"的分数，便会招来她的责骂，甚至是毒打。

孩子在一年级下学期就开始出现一种奇怪的现象。这个孩子一起床就恶心，继而哇哇大哭。但在周末什么事都没有，该吃的吃，该玩的玩。开始，母亲认为孩子的身体哪方面出了问题，于是带孩子去医院检查，但什么事都没有。后来，有人建议她带孩子去看心理咨询师。心理咨询师说，孩子得了上学心理障碍。

母亲听了感觉天旋地转，感觉自己的要求难以实现了。从此，她变换了一种教育方法，不再要求孩子拿什么奖励，只要孩子心理好就行了。

不要一味地要求孩子，父母应学会关注自己的孩子，从生活的点点滴滴入手。我们都很清楚，心理问题和心理疾病，是在我们不知不觉、一点一滴中形成的。一旦出现了症状形成了疾病，治愈起来相当困难。

有的父母认为，要和孩子讲究逻辑，顺其自然。其实不然，比如，当你批评孩子时，孩子会说，不懂关爱的妈妈不是好妈妈。而孩子不知道父母在什么条件下关爱，在什么条件下批评。在关注孩子的管教中，父母应预先告诉孩子，他得为自己行为的后果负责。比如，"不要再把你的新玩具用于投掷，否则，坏了后，妈妈没有多余的钱再给你买。"

但是，当一个孩子心理表现异常时，就要引起父母的注意了。有的孩子可能是孤独型的，他对什么事物都不太感兴趣，而喜欢长时间地做一种单调的游戏；有的孩子缺乏自尊心，对父母和老师的训导常常无动于衷，常常我行我素……

其实，引起孩子心理异常的表现多种多样，不经意的一个动作、眼神，可能揭示了孩子某个方面的问题。这些问题往往与父母的文化素养、经济状况和是否单亲家庭等有关，更与父母关爱孩子的程度有关。总之，作为父母，对孩子的时时关注和注重生活细节非常重要，既可以发现孩子的问题，又可以联想到自己的问题，及时纠正，促使孩子的身心健康成长。

贴心一刻

1. 父母在教育孩子时，应设身处地考虑孩子的景状。孩子如果用玩具把玻璃打碎时，你不能对他说："看看吧，这是你做的好事，我说过你多少次了，为什么就是不改呢？"

2. 孩子也有自己的感情，伤害不得。所以，你在平时不能为了某些小事，而使孩子难堪，或伤害他的感情，也不要在他同伴面前指责他如何笨。对孩子来说，他们已经对不好的后果难过了，再对他横加指责就容易使他恼怒，甚至伤心。

沟通：让孩子多表达自己

一般的父母喜欢让孩子听话，而聪明的父母则喜欢让孩子多说，多表达自己，而自己多听。年幼孩子的大脑发育不全，如果让孩子多表达自己，父母保持倾听的话，双方既可以建立良好的沟通关系，又可以促进孩子的大脑发育。

对于孩子来说，无论有多大，处于什么样的水平，你的交流、宠爱、支持和合适的语调都非常重要。在这里，父母和孩子沟通的方式有以下两种：被动倾听和主动倾听。

1. 被动倾听

在这种方式下，我们如果不打断孩子，好像非常困难，这也是大多数人容易犯错误的原因之一。我们倾听孩子的目的就是想解决他的问题，搬走他前面的路障，让他感觉前面的路更好走一些，或抓住事情的关键。但使我们不可预料的是，让孩子多表达自己的思想，会使父母发现新大陆——有关孩子很多意想不到的地方。遗憾的是，大多数的父母都没有这样做。

很多人容易犯错误的原因在于，我们有自己的想法，想急于发表出来，得到认同。但事实是，我们凭自己主观的情况下，别人往往与我们持相反的态度。或许你有满脑子的想法要急于告诉孩子，这是重要的。但倾听孩子同样重要，它可以使你了解孩子的心理世界，而在以后的教育中采取有针对性的措施。

2. 主动倾听

与被动倾听不同的是，主动倾听需要父母自己加入谈话，在孩子说话时看着他，试着了解他的观点，在说的过程中，不提出意见打断他。

在这种倾听方式下，父母希望了解孩子的内容，并且在适当的时机给予积极的反馈，认可他的感觉，让孩子知道你明白他的意思。你的反馈可以使他得到共鸣，集中了思想，更好地表达自己。

有一天下午放学，杨月月伤心地从学校回到家。妈妈看见她时，发现她的眼睛红红的，显然哭泣过，于是问她："孩子，今天发生了什么？看你不开心的样子，真让人感到揪心。"

孩子并没有隐瞒什么，急着脱口而出："在音乐课上，我今天是班上最差的学生。我要退出音乐班。"

很多父母对于这类情况的第一反应是先安抚孩子，尽量让事情看起来不是那么糟糕，我们可能会说"音乐只是一种爱好，它对你整个学业的意义并没有决定性的作用"，或者说"音乐其实没有那么难学，你不要为小小的一节课就打退堂鼓。"其实，我们这么做的时候，等于是在否定和反对孩子的感受。

如果换作我们，在音乐课上，唱出蹩脚的音律，而遭到同学嘲笑，那将是一个怎么样的感觉？难以忍受，赶快找一个地缝钻进去。因此，父母应该简单地给孩子一些合适的反馈，让她知道父母正在用心地倾听她。你可以试着了解她"因为你没有唱出美妙的音律，遭到同学的嘲笑，所以觉得难过，对吗？"说的时候不判断，不下决定，仅是观察和试探。孩子可能会说："嗯，我觉得他们认为我很笨，所以，接下来，我唱得更糟了。"你可以这样反馈说："当你不高兴时，是无法将事情做好，对吗？"要为孩子提供没有心理干扰的气氛，让她充分表达自己的感觉，处理自己的问题。这样，你就给了孩子所需要的支持。

注意，在主动倾听的过程中，真诚的态度非常重要，尽管我们面对的只是孩子。它不是在操纵孩子，更不是鹦鹉学舌。它的目的在于真诚地倾听，理解孩子要说什么，并真诚希望孩子得到帮助。因此，你要接受孩子的情绪，即使你不希望孩子有这样的情绪，然后找到合适的解决方法，克服孩子目前糟糕的情绪。

当自己成为孩子愤怒的对象时，父母往往不再是一个很好的倾听者了，比如，你正值青春期的孩子向你大吼："我讨厌你！"或许你立刻发表一通长篇大论，说他应该如何感恩，是你把养着，供着，或许他应该为你的付出而感到内疚，或者"这小子说这样的话，简直就是昏了头"，而把他关回房间。

一个反馈型的父母恰恰相反，他们为了孩子，会从孩子的真正需要出发，而忘记自己所处的立场。比如，他或许说："噢，我让你很生气，我想知道是什么原因。""我可以想像你的感受。""我知道,这让你觉得很难堪。"……不必批评孩子,说他如何不懂规矩之类。

贴心一刻

1. 父母在和孩子沟通的过程中,需要引以注意的是:不是因为你理解孩子,就妥协和同意他的看法。你要让孩子明白,你关心他的感受、肯定他的情绪、理解他的想法、为他着想,这样,你们之间的亲子关系就充满了信任和亲密感。

2. 孩子不愿意敞开自己的心扉,父母怎么办?如果孩子不愿意表达自己的想法,你可以这样说:你怎么看起来有什么心事,可以说说吗?或者,坐下来,一块聊聊吧……

放弃说教,选择引导

在亲子沟通中,不论你的话有多么动听,多么发自肺腑,它应该是双向的。否则,你只能一再地在孩子面前卖弄你的口才了,而孩子却一点不以为然。父母在寻求孩子的合作时,要与孩子对话和交谈,尤其避免教条式的说教。

教育孩子不是这样的:我们告诉孩子应该做什么,他就乖乖地去做什么。我们的孩子需要在满足自己疑虑后,依靠自己的想法去做。

我们的三口之家是一个比较开放和民主的家庭,孩子享有很多自由,比如,可以和父母通过沟通满足自己的所思所想,甚至可以开玩笑。

一天,我下班回家后,发现孩子,心事重重的样子,这是与往常大不一样的。我好像没有发现什么似的,而等他"不打自招"。良久,孩子带着一种神秘而紧张的表情坐下来,结结巴巴地对我说:

"爸爸，我错了。"欲言又止，含含混混，我有点急了，有些发火地说："有话尽管说，'赦'你无罪。"孩子的声音低低地说："我初中喜欢的一个女孩子转到我们学校了。"

我这才明白了孩子的意思，他喜欢上了一个女同学了。我大声说："她转到你们学校有什么错？"停了一会，孩子说："我现在看到她，心中老是想着她。"我让儿子放松下来，说："你没有错。这是正常的生理现象。"孩子接着问："那影响到学习怎么办？"我心里立刻火了，心想，就你这点出息。但理智告诉我，教育孩子绝不可以这样。我于是说："有个老师这样告诉她的学生，先把爱冷藏起来，放在心灵的一个角落。暂时别管它，用心读书，就会渐渐淡下去的。等到考上大学，人也更成熟了，再把它拿出来，让它解冻。"

听了我的话，他使劲地点头。让我们得以安心的是，孩子从那以后，安全地度过了萌动的"季节"，并以优异的成绩迈进了大学门槛。

没有电闪雷鸣，也没有苦口婆心地做孩子的工作，只引导了孩子如何以更好的方式去爱一个人，便解决了孩子的问题。

孩子如果需要征询你的意见，谈谈对事情的看法时，你可以主动问问他，是否需要你的建议，以尊重他自己解决问题的能力。

在生活中，经常看到这样的情形：每当孩子考得很糟的成绩单发下来，回到家，就会担惊受怕。如果你是一个有修养、懂得一些家教知识的父母，可能不对孩子打骂，但在情绪激动之下，也免不了对孩子进行一番说教，说他应该如何努力，如何把功课放在第一位等。其实这时倒不如简单地问一下孩子："你认为自己为什么考得这么糟呢？""你觉得这个成绩如何？"并问问他下次如何做才能改变这种情况。

孩子们不说真话的主要原因是怕让父母失望，并且怕给自己惹麻烦。父母应告诉孩子诚实是尊重的一部分，犯错误没有关系，只要他能够承认自己的错误，就可以一起商量怎么弥补这些错误。孩子往往会接受这样的想法，并且从那以后再也不怕说真话。

在生活中，你与其"命令"你的孩子，必须立刻地把床铺收拾得井井有条，不如告诉他那样既影响了卫生，又对健康不好，可能得皮肤病等之类，让他自己意识到按时作息和注意卫生。通过了解，你可能发现他做事不够勤奋，或者生活不够条理，或者他希望自己学习累了，随时可以小憩一番，而不用老是把被子叠上再铺开，铺开再叠上。了解这样的信息可以帮助解决他的问题。否则，既不能解决他的问题，又容易树立家庭矛盾，影响亲子关系。

贴心一刻

1. 不要单刀直入。人是具有感情和喜好忌讳的，单刀直入的处事方式有时看起来直达问题的核心，但如果不符合人的喜好，将直接被拦在外面。

2. 引导孩子。作为父母，要想解决困扰孩子的问题，这是要避免的，最可靠的方法是可以问一些中肯的问题以引导孩子找到问题的解决方法。孩子如果自己能找到答案，这一过程会更加具有主动教育意义，这是孩子自己总结出来的结论，而不是你的说教。

这样责备孩子

责备不是针对所有的孩子，而是针对那些顽固不化的孩子。对他们来说，适当的责备并非不好。责备可以使他有机会学习父母的生活价值观和日常行为标准。孩子在辩解的过程中，还可以学会开诚布公地表达自己的失望、沮丧和受伤感，而不会与人树敌，或让人感到惭愧，有利于增强孩子的人际关系能力。

父母在动用各种方法仍不能使孩子转向时，就会有挫折感，这就考虑动用责备这件最后的武器了。需要说明的是，责备不是简单地发泄自己的愤怒和不满，因为，在我们所有的人当中，没有一个人真心愿意接受别人的指责。既然是武器，就存在一定的杀伤力。所以，责备别人是非常困难的，既要让

别人明白你的意思，又使他不觉得太过痛苦，还要起到改变其行动的目的。如果说责备是一种艺术也不为过，我们如何责备别人，又可以改变其行动，引以重视呢？答案是：具体情况具体对待。在你表达了不满之后，可停下一会儿，再看孩子的反映，看看他有没有懊悔、怠慢、防卫或将要进行自圆其说等。在这个过程中，父母要注意克制自己，不要借题发挥，扩大影响范围。要给孩子改正的机会，因为我们都会犯错误。孩子的改正有一个标志：他必须采取某种行为，纠正他所犯下的错误。比如，该弥补的弥补，不能弥补的要将功补过。

事情完毕之后，你可以摸着孩子的头说："我是爱你的，我保证，虽然你的行为令我失望过，但绝没有放弃你，你一定要好好把握，这种事情以后不会再发生了。"这样，亲子关系恢复如初。

值得一提的是，孩子的行为如果是叛逆或挑衅父母的权威，是故意而为之，这就犯了主观故意的错误，那么，对孩子进行一定的惩罚就非常切合情理了。

对孩子的这种错误，通常是，温和的劝说无效后。这时，必要的惩罚开始了，当然这个惩罚以不要惊吓或虐待孩子为前提。重要的是责备方式轻重有度，让他明显感到"罪有应得"，而不是姑息迁就。

在这一点上，犹太人主张孩子在被惩罚前，事先得到警告，而且知道自己犯错会有什么样的后果，但不要严惩孩子。生活中发生过这样的一个例子：

> 一个孩子把父亲的电脑弄坏了，他父亲便威胁，说等几天回家后，便要收拾他，包括：打耳光、不给吃饭等严厉措施。于是，孩子惶惶不可终日，在一个晚上，在自己房间上吊自杀了。

孩子具有丰富的想象力，他们为了逃避将面临的惩罚而容易做出伤害自己的事情。所以，惩罚孩子要从快发落。而且，你表明了惩罚态度后，要马上执行，否则孩子就会认为你只是说说而已，以后就不会认真看待你的话。

在本节最后需要提醒的是，在处罚完孩子以后，不可再追加处分，比如，"罚他一周不准上网，看电视等等"。这样，你就属于滥用权力，把自己降到了他的层次，没有用自己的长辈地位来获得优势，来赢得孩子的尊敬。

贴心一刻

当孩子是在无意识地犯错时，父母可当着他的面指出这种错误，让其吃一堑，长一智；当孩子受欲望驱使而犯下错误时，父母要：

1. 不要动怒，以免引燃孩子。父母可和颜悦色地给孩子说，因为智者的言语让人听着柔和，舒畅。

2. 考虑对方的利益。要站在对方的角度，替犯错者的利益考虑说话，而不是出于侮辱和报复的心理。

3. 说话简短有力，加上一些维护他面子的语言。

把极端变成亮点

有的孩子有一些不受人们欢迎的个性，比如，任性或错误地坚持做一件事。我们也可以把它称作极端，这是必须纠正的。如何改？不让他们继续做？当然不是，请看下面的叙述。

有一位母亲这样坦诚描述孩子的个性：

小明霸道得让人不可思议，父亲为此生气过。我们在家里都称他是——有主见的霸道者。我们在一起吃饭时，小明对爷爷奶奶挑肥拣瘦："这是在吃正餐，吃饭不能让嘴发出声音，身体要坐直（这对有些驼背的爷爷确实有很大的难度），垃圾放在专用的餐具里，不可说话……"如果看到我在看电视，他就会问，我今天的工作完成多少了。

在书店里，我要和孩子进行亲子阅读时，孩子发现一辆放着很多书的车，上面放满了待上架的图书。孩子马上投入了工作，把书脊整齐地摆放在外边，弄得书城两个服务员直说谢谢。我们心里直纳闷，心想这个孩子到底怎么了，为什么做出这么极端的事情？

可以说，孩子不是害羞、自卑而顺从的孩子。他那善于管理别人的性格和喜欢组织的个性其实都是优秀的资本，教育引导得当，可以为他带来一生的益处。

但从其母亲的表情里，看出她对孩子的不屑，甚至无奈的厌恶。孩子的强势让做父母的感到啼笑皆非，甚至有些难为情。如何解决呢？告诉这位母亲：你要重新解读对孩子的看法，并改变自己原来的看法。

"孩子的行为不是霸道，有主见倒是真的，不妨把这看成是孩子具有领导力的表现。其实，他不是无理取闹，而是做得非常有分寸。他愿意在图书馆里整理书籍，这完全是正面的行为。不妨换个角度，如果让孩子把这用在整理房间上，那将是不错的选择。"

很多情况下，父母对孩子的要求很多，用严厉、苛刻形容也不为过。有时既要求他顺从，又要求有自己的主见和独立的东西：聪明、勤奋、创意和魄力等，但这些才华都源于心底不良的潜意识，即孩子人格中轻狂的那一面。你所做的就是，必须把这些强烈而容易让人反感的特质看成孩子具有卓越行为的种子。

比如：父母可把"顽固"和"专注"的品性看成孩子是具有毅力的；把抱怨的孩子看成是敏锐的；将暴饮暴食的孩子看成是身体强壮，做事直率的人；把经常吵闹的孩子看成是精力旺盛的；把那些不遵守规则的人，看成是大胆而容易冒险的；把吹毛求疵的孩子看成是严谨而认真的……

贴心一刻

1. 你不妨问问孩子，他是否希望以正面积极的方式表现他那种的性格倾向。这对父母也是一个挑战，需要考虑的是，你不是在指挥孩子走向失败，而且，你理清了他的道路，就立刻赋予他可以改变自己的行动。

2. 不要强迫孩子。孩子的极端如果不给别人带来坏处，或对别人没有伤害就不要干预他。否则，父母往往磨灭了孩子的潜力。

第五章　没有人能够代替孩子

——顺应孩子的天性

> 我们经常让孩子记住和去做一些事情，而不是让他们自己解决问题，这其实是在伤害孩子。
>
> ——罗杰·卢因

孩子的成长有其内在的规律，他们自己才是生活的主角，父母应放开手，让他们自由地跑。父母所做的就是给孩子更多的空间，让孩子自己去创造，去奋斗，哪怕不完美，但那是属于孩子的。

吃力不讨好的父母

在2005年，一家媒体报道了这样一个天资过人的"神童"：两岁就认识1000多个汉字，四岁便学完了初中文化课程，八岁进入县重点中学，十三岁考入重点大学，十七岁考上中国科学院硕博连读。但让人感觉惋惜的是："神童"在2003年被中科院劝退。

究竟是什么原因导致这位成绩优异的孩子被劝退呢？据他身边的人讲述：他从小没做过任何家务，包括洗衣服、端饭、洗澡、洗脸；上高中时，还由母亲喂饭；上大学期间，母亲仍然形影不离地陪在他身边，甚至帮他洗头；进入中科院后，他完全没有自理能力，下雪天还赤着脚去参加考试……学校将其劝退也是万不得已。

社会中，这样的"神童"故事屡见不鲜，他们的故事令人伤感和惋惜，更让人担忧。只怨孩子吗？被劝退孩子的母亲不知有何感想。

有很多父母对孩子倍加爱护，但成效似乎没有预期的那样显著，这是怎么回事呢？

孩子的成长犹如禾苗，有其内在的规律，父母不应做辛勤的园丁，应把自主权交给孩子。控制犹如大棚，把害虫和寒风挡在了外面，但同时也把阳光、空气、风和水挡在了外边。这就是塑料大棚内的蔬菜经不起阳光和风流侵扰的原因。

开始对孩子适当的照顾是完全可以的，但不要永远让孩子生活在家庭的温室内。就好像园艺师把温室植物移到户外，他们会承受压力而从此变得坚强一样。在更广阔的环境中，植物可以长出粗壮的根系和茎秆，自己就会从土壤中汲取水分和微量元素，而不必依赖于园丁。

看森林里的树，哪一棵不是参天大树，它们互相攀比竞生长，完全依赖自己，生长得矮了，将无从得到阳光，无法通过光合作用生长。孩子也是这样，把他们放在学校里，通过承受压力，聆听老师的教诲，学习知识，才能更好地成长，更好地适应艰苦的环境和社会。

上帝赋予每个孩子发达的大脑和较高的智商，有些孩子天赋很高。父母要给这类孩子更多的自由，让他爬更高的树，做更难的事，攀更高的山。重要的是弄清他们的特长和喜好，运用最佳的判断指导他们成长，不要以为孩子只是孩子，什么都不能做，太过娇嫩而无法自立。孩子具有惊人的潜力，只要挖掘得当，一定会给你惊人的成果。

贴心一刻

1. 爱孩子有度。爱孩子是天经地义的事情，但父母过于溺爱或干预孩子，孩子就不能自然生长，出现问题是难免的。

2. 让孩子自然"生长"。孩子就像自然的生物一样，有其内在的生长规律，这是父母所不能控制的，违背了孩子的自然生长就不会让孩子快乐成长，同时也为自己带来麻烦。

学会让孩子自主

我是一个九岁孩子的妈妈，由于孩子太小，什么事情又不懂，因此事事我都盯得非常紧。他不知蛋白粉的营养，我硬是逼着他吃；他不愿意学习画画，我亲自陪他去培训班……

但让人难以理解的是，孩子最近渐渐产生了一种逆反心理：我越不让他做的事情，他却越要尝试；我渴望让他做的事情，他却提不起兴趣来。真气死我了。

孩子也同成年人，具有发达的大脑和自己的思想体系以及做事原则。

让他们学会自主要比天天手把手地教他们要轻松、有效的多。经过教育家的大量研究和实践表明：不受父母束缚的孩子会有更佳的表现。原因是，那些过分关注孩子学习、生活的父母为了孩子的安全和所谓的经验，而处处阻挠孩子，这在一定程度上束缚了孩子的手脚，使他们失去尝试的机会。

对孩子起着良好帮助作用的是那些在生活或学习中支持孩子自立的父母，他们提供大量资源来支持孩子进行各种成长活动，充分调动起他们的积极性。强逼孩子成功、拔苗助长式的教育方式往往对孩子起到相反的作用。需要澄清的是，让孩子自主，并不是说对孩子撒手不问，随他折腾。让孩子自主，意味着父母要查其言，观其行，学会理解孩子的观点，给孩子提供选择的方法，鼓励他独立解决各种问题。这样可以使孩子认识到，自己的各种事情应由自己发起和控制的。这与那些采用施压、强迫和替孩子解决问题的父母是完全不同的。

在孩子做事的过程中，很多家长习惯对孩子抬高嗓门发号施令，这似乎挺有效，孩子很快屈服于他们，但在以后会降低孩子在其他事情上的合作度。而且，孩子一旦认为父母的要求是不合情理的，就会产生高度的自尊心。

当父母对孩子加以控制时，亲子关系就淡了。如果我们想要孩子心情愉快、有责任心或富有成就，那就不要强行控制孩子，否则，我们就会失去对孩子的影响力，削减了家长对孩子指导或帮助的能力，还会增加这个小敌人。更为可惜的是，父母采用的控制手段把孩子培养成了一个性格孤僻和叛逆的孩子。

如果想要让孩子接受一个成年人的经验、智慧和价值观，他必须喜欢、仰慕和尊敬那个成年人。那个成年人必定对他们同样报以尊重和信任，从不对他们指手画脚。孩子对成天强迫、抵制和剥夺他们自由的人很反感，不尊重，评价也低，可我们很多父母就扮演着这样的角色。

因此，父母如果想让孩子长大后成为有毅力、坚强和有正义感的人，就不要把他们训导得太顺从。要想让一个孩子在生活中学会负责，你就必须先放开他的手，给他一定的自主权。否则，孩子就得处处依赖你，而且不会独立思考，胆怯而少成事。相反，如果你让他在自由范围内任其发挥，其将发展成为一个独立的个体。

贴心一刻

1. 不要培养"乖"孩子，也不要培养"皮"孩子。父母既不要控制孩子，也不能放纵孩子，给他们思想层面的规则和限制才是必需的。放弃控制孩子是一件非常容易的事情，只需少管孩子就可以了。但一些家长认为放弃控制比较难办，但如果做了，就会发现对孩子和家长都有积极的意义。

2. 学会让孩子承担家庭的责任。时时刻刻都打理好孩子的生活是件费时费力的艰巨工程，父母不可能全部完成任务，父母真正该做的就是教会孩子承担责任，发现自己的长处和短处。如果你不控制孩子了，而是给予孩子很多支持和培育，那么，你的家教就是非常成功的。

让孩子有自己的秘密

既然是自主成长，孩子就需要自主生活，独立做出决定，独立面对未来。孩子生活在世上，不是为了父母感觉被爱或得到温暖，而是为了成就他们自己，最终成为自主的成年人。

孩子拥有自己的秘密，就是拥有自己的私人空间，这个空间就是孩子的势力范围，也是孩子的责任区，不能被其他任何人或物占领。当然，这个私人空间不仅限于孩子的身体，它还可以是和别人保持一定的距离，也可以是情绪自由，拥有不同的感觉。

我们通常讲的一句话就是，"没有秘密的孩子长不大"，就是这个道理。孩子在自己的秘密空间里，可以生气、可以伤心、可以发泄；同时，孩子还可以在这里进行自我反省，自我规划。它是孩子的天空，包罗万象，包括隐私、思想、态度和意见等。

孩子要有自己的秘密，要有自己的私人空间，还需要有更好的表达方式吗？美国南加利福尼亚大学的达拉斯·威拉德认为，每个人都有自己的一个"王国"，这个王国是我们自己专有的领土。在这个王国里，我们决定、判断着事情的发生、发展和消亡。这个"王国"实质就是我们意志力的反映，所有属于我们管辖的事物都在这个王国内。

非常巧妙，达拉斯教授比喻得精彩极了！所以，这是孩子不喜欢听别人指挥的缘故。比如，我们在生活中最不乐意听别人这样说："你必须听我的"、"必须按照我说的去做"……小孩子也有类似的需要，当别人侵犯的时候，他往往会说"不要"、"不行"，拒绝别人的目的是为了学习发展自己的空间，即自己的掌握能力。这些对孩子的身心健康是非常有利的。

一对父母想起了儿子在小时候的事情：

> 小时候的儿子非常调皮，为此父母经常教训他。每当他做了错事，就开始教训他时，他总是咻溜一下跑进厕所里反锁上门，嘴里说："别说了，不让你进来。"在这里，儿子把厕所当成自己的一个专属空间了。
>
> 这让父母感到很奇怪，在厕所外急于想澄清："只要听话，就可以不说你"。父母为这事感到担忧，认为孩子这么小，怎么可以独自在这么一个狭小的空间里，他不可以独自行动的。孩子时不时偷开一下门看着父母还在不在。

父母不要侵犯孩子的秘密，占领孩子的私密空间，否则，孩子就会感到赤身裸体地暴露在光天化日之下，这对他来说是不安全的。对于孩子，你不要试图完全掌握他的一切，否则，你就与"侵略者"没有什么区别了。孩子需要自己的秘密，自己的空间，他们在这里喘息、释放压力、缓解情绪。这个专属空间可能是乱七八糟的，但却能给孩子提供惊人的成长机会。

贴心一刻

1. 给孩子一定的个人空间。父母要给孩子一定生活的空间，让孩子在这里进行思索。

2. 孩子需要有自己的秘密，否则，他们就不可能独自去探索、实践和作出决定，那么，他们永远也不可能成为自主的成年人。只在父母的指挥棒下生活、没有犯错、没有自己的决定的孩子永远长不大，他们只能过着父母的重复人生，这只能让他成为叛逆或完全听命于别人的孩子。

别让保护变成伤害

一个优秀的大学生师范大学毕业后，他到了一个重点中学任教。他有着青年人的奔放和激情，工作第一年便被委以班主任的职务。

对带好一个班级，他非常自信。他做什么事情都找一些理论给自己的行为作支撑，以满身热情投入到繁琐的工作中。他对班级工作进行了大刀阔斧的"改革"，他认为所有的学生都必须跟着老师的思路走。有几个不听话的孩子常常把课堂弄得一团糟，遭到了他的警告，否则，就找家长谈话。

一时间，班级"安静"了许多。但期末考试过后，他所期待的结果却没有出现，而且班级整体不好，有个他非常看好的孩子只考了60分。他不愿意接受这个事实，反复问自己："到底是哪里出了问题？"一位资深的高级教师告诉他：孩子是一张纸，你在他们上面留下污点后，孩子的自由和天性就不复存在了。

家长和老师是孩子人生成长道路上的一座灯塔，若不注意，很容易让孩子误入迷途，在白纸上留下污点。

有很多老人回忆，在从前，孩子到处乱跑乱玩，他们在野外爬树，掏鸟窝以及一群孩子玩捉迷藏等。孩子玩个昏天黑地之后，便被父母叫回了家，做父母的丝毫不用担心孩子的安全问题。

如今却不同，令父母担忧的事情很多，在暗处的罪犯、有安全隐患的田野和具有危险性的高科技设备布满的家，随时都有可能伤害孩子。于是，父母给孩子遍布保护。但令父母没有想到的是，孩子虽然给予重点保护，但过分的保护就像乌云一般，笼罩着孩子的天空。

孩子在过度保护之下，失去独立自主的锻炼，经不起外面风雨的洗礼。有教育专家研究表明：过度被保护长大的孩子难以在社会上立足。因为父母只想保护孩子的安全，让他们成为胆怯的老鼠，而不能成为敢于冒险奋斗的勇士，他们一般不会享受到惊险刺激的人生。

父母有职责给孩子提出准备的判断和警告，但不是对负面事件的过度反映。如果你不能像周围父母给予小孩自由的话，你对孩子可能保护过度了。父母得学会给孩子松绑，要让孩子明白，他们生存的环境虽已经不同于过去，不过他们所处的环境仍旧良好，可以给他们的成长提供足够的养分。

有时，为了有利于社会和自身，我们必须让自己进入危险的环境之中，但我们得凭借自己判断、做好的防护措施继续前行。父母如果不能保护孩子，孩子就可能受刺激过度而导致行为失当。但是，父母要是对孩子防范过度，并隔绝有关孩子素质的各种活动之后，孩子就不能学到有用令他感觉振奋的东西。

贴心一刻

1. 勇敢创造历史。纵观古今中外，人往往是在艰难困苦的环境中获得成就。把孩子保护过度则使孩子失去了自理能力，失去锻炼自身的能力，成为软弱、没有竞争力的人。

2. 多锻炼孩子。闲暇时，父母可带孩子参加一些竞技活动，提高孩子的勇敢和冒险精神。比如，父母可带孩子经常参加一些攀岩和竞技重现节目等。

任其"挣扎"，还是出手"挽救"

看看生活中下面的问题：

1. 生活中，你是如何保护孩子的？又是如何在教训中取得平衡的？

2. 回忆一下自己，在小时候，有没有因为犯错而遭受严重后果，你从中得到了什么教训。

3. 你希望孩子在生活中犯哪些错误？孩子又如何从中取得经验？

4. 你千方百计地为孩子避免犯错误吗？根据这些错误，你感到多大的担忧？

5. 惩戒孩子，你如何执行处分？

孩子都有犯错误的时候，这是不愿意看到的。如果对他们的错误无动于衷，他们就会有恃无恐，接二连三地再犯。那么，作为父母的应该如何教育孩子呢？

那就让后果去警示孩子吧，你试着从旁边看着孩子，自己置身事外。究竟怎么做才能使孩子免于危险，但还要学到他们人生中的教训呢？这个问题不仅棘手，而且也是困扰父母最重要的问题。解决它有助于父母摆脱对孩子的担忧。举个例子来说，你不能为了让三岁的孩子不遭受车祸，而让他永远不要走到马路上去。当孩子六岁的时候，可能学会了踏单车，但你无法永远跟在他身边。在马路上骑车具有被其他车辆碰撞的危险。实际，孩子越早得到这方面的教训，他越早得到生活的益处。

可很多父母为此而焦虑，于是保护孩子远离任何危险，但这也意味着阻止孩子从出事的经验中学习。

有一位富有的奶奶，她非常疼爱自己的孙子，但她并不知道必须让他吃点苦头才能变好的道理。她的孙子在学校里胡作非为，横

行霸道，其他同学都敢怒不敢言。一次，他和他的那帮弟兄把一个学生打成重伤。派出所准备把他拘留十五日，眼看孙子将要到拘留所吃苦头，富有的奶奶赶快利用自己的社会关系，把孙子直接从派出所领了回来。

回来后，她的孙子比以前更嚣张了，打架更凶狠，同学们见到他，惟恐避之不及，纷纷躲开他。

一味地迁就孩子，不让孩子尝试错误，到头来，必定吃尽苦头。对于我们来说，当然也包括孩子，错误是一个好东西，它可以让我们学到深刻的教训，在以后的生活中引以为戒。

当孩子在犯错误时，不必气得想要对他五花大绑，更不必制订那些事实上也是限制父母自己的规矩。

孩子如果做出糟糕的选择时，要不想担忧且眼睁睁地看着事情的发生是非常不容易的。如果我们对孩子想维持积极的影响力，必须要做到这一点。所以，孩子做出愚蠢和荒唐的事情时，不用惊慌、冲动和吼叫。

贴心一刻

面对孩子的错误，应持有怎么样的态度和立场？

1. 让孩子"不到黄河不死心"。你是想占在他们的上风，等着他们来负荆请罪，表示后悔，并认为你是对的吗？如果这样，你的意思是"我早告诉过你了"。孩子以后有了错误不会再给你说，甚至对你撒谎，这时，你又可能抱怨他们。如果你是想占他们的下风，你会帮助他们逃脱失败的后果。

2. 选择后果教育孩子。通常来说，后果很伤人，不过是在帮助父母。父母永远都可以从后果了解真相，得到经验，受到教育。

让孩子自主成长

有这样一个母亲，她是一位音乐老师，从小受过良好的音乐教育，也给了孩子良好的音乐熏陶。

一次，母亲东拼西凑了一笔钱，把孩子送到了国内一名很有权威的音乐老师那里学习。但让母亲担心的是，孩子学了三天就再也不去了。她告诉母亲：老师教的音乐不是她所喜欢的音乐，和自己心目中的音乐完全不同。已所不欲，勿施于人。母亲生气归生气，却没有责备孩子，反而说："你如果喜欢自己心中的音乐，就尽管去做好了。"

后来，孩子果然不负希望，她成了现代音乐的先驱。

父母如果能够网开一面，让孩子尽情去做，才能使孩子找到成就自己的机会。教育孩子是把焦点放在父母身上，还是把孩子训练成为一个独立自主的人？如果把孩子训练成独立自主的人，父母首先要成为这样的人。对于孩子，父母要少干预，多给他们自己做决定、父母也不会感到担忧的空间。对于生活和学习，让他们自己去决定是否采纳或拒绝，并承担自己行为的后果。

人学习知识都是学而知之，没有生而知之的。知识一片空白的孩童向父母学习，向老师学习，并接受他们的说教。管教孩子的目的是为了有一天不再教他，就像雏鸟开始飞翔时需要其他鸟儿的帮助：成鸟在训练幼鸟飞行一段时间后，就再也不会管它了。让它开始从高处向低处飞，从这棵树飞到那棵树，从屋顶飞到柴禾垛……一个目标接着一个目标，一般地，鸟儿都能学会。相反，小鸟如果长为成鸟时才开始练习飞翔，却未必能成功。

就像孩子的早期教育，最重要的是培养他的自主学习和自我教育的能力。按我们的话说就是：师傅领进门，修行在个人。因此，让孩子自主成长，犹如授之以渔，而不是授之以鱼。

要想培养孩子的自主能力，父母事先一定得做好准备。比如，孩子在阅

读的时候，父母可把与阅读有关的书放在孩子的跟前。或者，把需要查阅的工具书放在孩子的桌子上。这些准备工作其实要比直接教孩子要费力得多，每一次都要经过一番煞费苦心的设计。

对孩子来说，自主成长有利于他培养独立思考的能力。比如，这会让他形成事事有因果的观念，世间的一切都是具有原因，接下来，让孩子用自己的方式找到事物的各种原因，他会比较客观地接受书中所讲观点，而不完全迷信于某个作者或某本书。

很多事实表明，孩子自主教育所学的知识要比老师讲授所获得的知识更有深刻的印象。在获得这些知识的细节中，孩子都有最鲜活和最深刻的人生体验。

孩子一进入高三，家长立刻意识到了孩子学习的关键性，他们把高三当成孩子"鲤鱼跳龙门"的关键时刻，精神格外紧张，甚至不次于孩子本身。从此，他们控制孩子的一切，每天检查家庭作业，严禁控制一切社交活动以及正常休息的时间。这样做的后果是，孩子与父母之间时常发生摩擦。这就像拔河比赛一样，父母努力约束孩子，孩子则拼命挣扎，像鸟儿一般想获得更多的"自由"。

孩子的学习由孩子去做，父母要学会放手，让孩子独立自主，不得频繁地干预。对于他们的成功要给予鼓励，对于他们的焦虑要给予理解和指导。

贴心一刻

1. 强扭的瓜不甜。父母要知道，学习只是孩子成长的一部分，而社会就是一所最好最能锻炼人的学校。孩子只知道单纯地学习，还是在社会中接受方方面面的锻炼？孰轻孰重，父母应该心中有数了。

2. 我们不是先知，无法预测孩子的前途。谁也不能说自己孩子的未来是什么样子的，孩子的前途在于孩子自身。在我们周围，有很多这样的榜样：有出息的人小时候学习并不一定出类拔萃。

不必渴求孩子完美

一次，一对中国父母去一美国人家里做客。在美国朋友家里，中国父母看见美国友人年仅两岁的孩子正在摆积木，孩子的动作非常笨拙，摆上去，哗的一声又掉下来，如此几次，怎么也摆不上去。在一旁的中国父母看不下去了，便想帮孩子一把，刚把手伸过去，便让美国妈妈挡住了。

她说："让他自己去尝试，他会把积木摆好的！"果然，十几分钟后，孩子成功地把所有的积木摆好了。

孩子的成长是一个探索的过程，在这个过程中，家长应该做什么呢？那就是给孩子尝试的机会。大多数中国家长会手把手地教孩子如何摆积木，常常规定路径，规定结果。而这位美国家长并没有这么做，她只是给孩子做了示范，然后让孩子自己去摸索解决之道。

孩子有下面的行为你干预吗？

1. 孩子在画画的时候，比如画一只小鸟，个别地方没有画到你要求的标准，你会感到可惜而重新让孩子改正吗？

2. 孩子数学考了98分，你感觉遗憾，抱怨孩子为什么没有考到100分吗？

3. 在家庭作业中，你让孩子写五遍，而孩子写了四遍，你感觉妥帖吗？

4. 孩子在运动会中，得了800米比赛亚军，而你却扼腕叹息孩子为什么只差那么一点点，就可问鼎冠军宝座。

5. 孩子放学后，把房间打扫得干干净净，而你却耿耿于怀于窗边的一点尘土，并为此责备孩子吗？

……

很多父母渴望孩子完美,做事情精益求精,但实际的情况并非如此。我对他们说,不必苛求孩子,让孩子只需做到"符合标准的范围内"即可。孩子如果有问题,则可以想办法纠正就可以了。孩子如果天生具有局限性,父母应把对孩子的期望适当降低,调整并接纳不完美的孩子。

很多父母渴望孩子完美,这是因为他们具有一种成就感和对孩子未来的恐惧。

很多父母喜欢用子女的成绩来获得安全感,并衬托自己的个人荣耀。于是他们把孩子推向无数的教育培训班,很多的孩子都报了三个以上的教育培训班,目的让孩子培养出特长来,或到高考的时候,给他们的成绩上额外增加一点难得的分数。

而且,父母们这样做的目的或许是让孩子实现自己当年没有实现的愿望,孩子所要做的,正是父母以前缺失的。为了孩子在学业方面有更突出的成绩,父母常常以子女为中心,迎合他们的古怪想法。但是,这种压力对孩子来说可能起着南辕北辙的作用。

孩子在父母的高压下,需要付出异常的努力,导致身心倍受折磨,这对孩子不仅不会有效果,而且具有破坏性。长期下来,孩子会忘掉自己本来具有的优势,被动地适应父母的喜好却毫无效果。有些孩子可能逐渐认识到,自己只是在按父母的指令办事,完全成了父母的附庸,自己失去了自由和快乐,导致他们公开反抗。

贴心一刻

1. 世上没有完美的孩子。父母爱孩子无可厚非,但不要渴求孩子的完美无异于给孩子套上枷锁,束缚孩子的心灵。

2. 没有样样精通,只有样样稀松。父母把孩子培养成无所不能的通才是没有用的。所以,唯一可以确定有价值的事情就是提高孩子的情商,培养孩子的人格特质,比如,诚实、毅力、乐观和同情心等。

尊重孩子的选择

在教育孩子的问题上，父母和老师不应该武断否定孩子的选择和思考。一些明智的父母从不轻易否定孩子在学习和生活中的每一个想法。相反，他们还时常探问孩子："你对这件事有什么看法吗？""换了你该怎么做呢？"孩子这时往往能够迸现出很多可爱的思维火花。

对于孩子来说，他们的思考是宝贵的，他们是一个个充满活力的未来新人，在他们稚嫩而不整洁的衣着下，谁又能否认他们长着一个高贵思考的头脑呢？在教育孩子的过程中，父母不是培养那些仅仅会背诵标准答案式的好学生。

现实的情况下，孩子所使用的教材和资料并不是完全在严格的计划中做出，带着一定的功利性。他们把一些错误百出的资料推向孩子。孩子要想更好地获取知识，就必须从错误中找取有价值的东西，在这种情况下，依靠的是自己的独立思考和正确判断。下面是父亲和女儿之间的对话：

> 爸爸：报文科没有前途，你必须报理科。
>
> 文文：我喜欢文科，就像我的名字一样。
>
> 爸爸：那也不行。
>
> 文文：爸爸，我与您朝夕相处，从幼儿园，到小学、初中、高中，我人生的每一个决定，都是您帮我做好的。从来都是"您要我那样做"，而没有问过我是怎么想的。
>
> 爸爸：喜欢有什么用？我在社会上经历的事情多了，还是理科好，我还能骗你吗？
>
> 文文：爸爸，我已经长大了，也能自己做决定了，请您将选择的权利归还给我吧！
>
> ……

孩子的事情应考虑他们的感受，最好交给孩子去做。即使孩子的自主决定遭遇了挫折和失败，父母也应该给孩子选择的权利，因为，挫折和失败也是孩子成长必需的"营养剂"。

一些父母和老师总是把自己的见解和看法像垃圾一样强行塞给孩子，而不考虑孩子的感受。试想一下，你可以替孩子作决定吗？可以代替孩子过他以后的生活吗？当然不能！每个孩子都得自己面对以后的生活，独自承担各种结果。

例如，孩子愿意学美术，不愿意学习音乐。出于父母的愿望和要求，孩子痛苦地选择了音乐。以后的情形是，孩子学着音乐的同时，心里却想的往往是美术。甚至有极端的孩子，为了逃避父母对他们安排的宿命，竟不惜自残。一些所谓成功的父母，甚至让孩子一生都失去了选择的机会，他们的一切都在成功父母的干预之下，结果是，孩子得到生存的面包，却失去了自己发展和完善并心甘情愿为之努力付出的机会。

我们应更多地尊重孩子选择的权利。这不仅可以培养他们独立的意识，还可以训练他们对事物的判断力，让他们为自己的选择而努力，为自己的选择而负责。但这也不是完全不顾及那些非常重要有关生命等重大方面的选择，但一定要尊重孩子选择的权利，尊重他们的思维判断。

贴心一刻

1. 教育孩子的最高目的是教会孩子以后如何选择。选择什么样的爱好、选择什么样的专业，等等。这些都必须由孩子自己决定。

2. 即使很小的孩子，父母和老师也应该尊重他们的选择。除了一些攸关生命等重要的事情外，孩子只有做自己喜欢的事情，遇到艰难险阻才会去忍耐克服和努力。成功的时候才真正享受那份自重

第六章　最深刻、灵验的教育绝招

——真正无私地爱孩子

一般情况下是这样的：直觉告诉你应该关爱、理解、仁慈，但你却往往对孩子批评和惩罚。

——马莎·皮珀

父母发自内心的爱非常伟大，而且它是与生俱来的，不需刻意去培养。因为这些能力是属于心的，心到教育效果自然达到。

关爱是教育孩子的开始

父母天生有爱孩子的本能，父母小时候如果有一个幸福的童年，便会成为父母教养孩子的指南。

在三年前，我执教的班上有一位性格非常内向的小男孩，尽管他才上二年级，但其脸上常带着与年龄不相符的悲伤和冷漠。他成绩一般，不多说话，但我发现他头脑特别聪明，反应快。于是，我想尽各种办法让他专心听讲、课后辅导，但对他似乎效果不大，成绩一直还是老样子。我几乎没有看见他笑过，我一直认为他的坏成绩是其他因素造成的。

于是，我和他的母亲深入地聊了一次，知道了事情的原委。这是一个充满家庭暴力的家庭，父母不和，孩子成天担心被抛弃，可他每天还要面对父亲的拳头和母亲的眼泪。这样的家庭，他还能安心学习吗？以后，我再也没有因为学习而责怪过他，有时对他说："其实，你的妈妈很爱你。"

一次，我在路上遇到了他的母亲，知道他没有读完中学就辍学了，因为他担心母亲也像父亲一样抛弃他而无法安心上学。

一个天资不错的孩子生在一个不幸的家庭，就这样被毁了，令人感到惋惜和痛心。孩子如果没有不当的家庭教育，一般都不会出现明显的问题。如果不能让家庭配合学校工作，孩子的问题将无法得到根治。毕竟孩子不是某个家庭的私有财产，任由一个孩子在一个黑暗的家庭中受折磨，也是一种犯罪。

教育孩子从关爱开始，而不是让孩子单独地待在椅子上，勒令做事学习，更不是剥夺他的基本权利或者大声斥责威胁，甚至打骂，而是用爱和指导的方式来帮助他们，让孩子理解这个世界是一个友好的大家庭，亲朋好友都在关注并疼爱他。

很多国外教育专家认为，关爱是管教孩子的开始。父母做的一切都是以爱作基础的。你对孩子了解越多，孩子对你了解也就越多。你会很容易接受孩子的观点，理解孩子的想法，孩子也很快对你的暗示和需要做出敏感式的反应，向你期望的方向发展。

很多小时候遭受体罚的父母，在教育孩子时，坚信父母在小时候打他们是对的，也是值得的。但这种方式会伤害孩子的，使他们和成人一样暴力。所以，父母在童年所受错误教育方式的影响，影响着我们爱孩子的本能。

在教育孩子时，我们心理的出发点往往是仁慈、关爱、耐心和理解，但常常是批评和惩罚，甚至打骂。

当惩罚和过于放纵、宽容的教育措施常常无效时，还有很多别的方法使我们做得更好。我们如果分析原因，重新审视教育孩子的方式和具体的行为，就会逐渐地亲近孩子、陪孩子玩乐和理解孩子的行为和心理，使孩子走上正规。

贴心一刻

你所做的每件事都是在管教孩子，因为你做的一切都是在教导他。

1. 教育孩子不是亡羊补牢，单纯地纠正错误，而是和孩子一起做事，理解孩子。比如，我们教会幼儿园的孩子饭前洗手时，帮他把错误看成是学习的机会时，这也是教育孩子；让你的孩子充满学习信心，让他独立完成家庭作业、畅谈朋友间的问题或交流老师的提问，这也是教育孩子。

2. 关爱孩子也是教育孩子的一种方式，可让孩子做出解决事情的更好决定。如，孩子失败时，教育孩子如何面对并解决问题。在你的关爱下，让孩子觉得他有能力把事情做好。教育的目的绝不是控制，而是让孩子有能力管好自己，教他们行使权利，负起自己的责任。

爱的身体语言

有时，身体语言更让孩子感到抚慰，这充分体现行动大于一切的道理。现在的教育方式使很多专家认为，拥抱、抚摸、牵手等身体语言也是教育的重要部分。在此，我想起了国外一家孤儿院的孩子来：

国外某镇有一家唯一的孤儿院，在其刚开办不久，院里的孩子们就得了一种奇怪的病症：目光呆滞、食欲不振，提不起兴趣在室内游玩，有的甚至偶尔还发出长长的叹息声。院长只好找到镇上最好的大夫奥尼尔，但他毫无办法，孩子们依旧像霜打了的叶子。

后来，院长把一位家教专家请到院里，这位家教专家在院里仔细观察了整整一个下午，他发现：这些失去父母的孩子们异常沉闷，就像阳台雏菊，长时间没有浇水，打着蔫儿。这让这位家教专家感到很揪心，因为这是一群极度缺乏爱的孩子们。于是，办法有了。

家教专家从镇上的学校请来一些十多岁的小女孩和这些孩子一起玩耍。这些女孩子犹如一群漂亮的天使，她们的到来使孤儿院的气氛一下子改变了：她们大声地笑、闹，把孤儿院的孩子们抱起来，不停地亲吻拥抱抚摸孩子。每天都是如此，她们在下午飞来这里半个小时，然后飞走，周末的时候时间更长些。

孤儿院很快发生了改观，孩子渐渐活跃起来，眼睛一改往日的暗淡，炯炯有神，食欲也开始增加，有的甚至像风一样绕着院里的白杨树跑。

孤儿院长于是请家教专家分析原因，她引用圣经上一句话：一个父亲追赶自己的儿子，追呀追呀，拼命搂住浪子的脖颈亲吻。病症就是"皮肤饥饿症"，这是食物无法满足的，需要的是爱抚。孩子如果长期得不到这种爱抚，就会导致发育不良，智力衰退。

小时候经常被拥抱亲吻的孩子往往能够自然表达亲密，如果在童年没有得到足够的身体语言表达的亲密，就需要有意识地接受和给予。对于孩子来说，每天都需要各种各样的爱，在这里所说的是身体语言表达的爱。

在生活中也有很多孩子不喜欢亲密接触，你就要寻找另一种他所喜欢的身体语言。孩子逃避身体接触，往往表示他们更需要这种身体语言，可是，他们敏感，害怕受伤。你可采取一种比较间接的方式，比如用手指轻抚他的背部，或偶尔触碰一下等。与孩子同睡的时候，也可以陪着他、抱着他、与他聊天，让其在温暖中进入梦乡。对各种年龄段的孩子来说，同睡都可以起到抚慰心灵，解除孩子各种感情障碍的作用。

孩子在少年时，也不要停止身体的接触，其实他们非常需要这种爱的表达，只是不敢开口要求。当然，不要当着他朋友或公共场合时采取亲密的动作。但是当他愿意时，完全可以拥抱他、爱抚他。

一些孩子在遭受压力而表现出攻击性时，一般不喜欢与父母进行身体接触，这是因为他们感觉愧疚或自卑的结果，或源自他们的敏感天性。父母和这样的孩子进行亲密接触，可以让孩子感觉到爱，克服不安全感，减少攻击性。总之，父母用尊重的态度接触孩子的身体时，孩子会在亲密接触中受益，并可以帮助建立自信，促进智力发育，消除暴力和敌视，使孩子健康地成长，培育起亲密的亲子关系之爱。

贴心一刻

1. 父母可在平时深情地拥抱孩子。特别是亲子之间的误会，身体语言可轻易地将孩子所有的怨言、忌恨、隔膜和敌意都烟消云散了，非常有效。有时，千言万语抵不上一个深情的拥抱，这样的拥抱最好天天都有，无论你有多忙，都应对孩子说一些甜蜜的话语，注视他的眼睛倾听他。

2. 不要违背孩子的意愿。父母进行身体语言的前提是孩子需要，但父母没有权利随意对待孩子的身体，强制拥抱或是亲吻孩子。一定要确认你的举动是对其情感的满足，没有过度，这种尊重孩子身体的方式可使他远离身体侵犯。

爱孩子的成绩，还是爱孩子本身

历史上有"父母凭子贵"的很多事例。父母都以孩子为骄傲，对孩子寄予了很高的希望，变本加厉地去爱孩子。他们希望自己的孩子有出类拔萃的学习成绩、具备不同凡响的特长和其他一些有别于其他孩子的特质。但是，世间并非所有的孩子都能出类拔萃或出人头地，摊上智力平平、没有起色的孩子，怎么办？

闫莉生在一个优越的家庭里，童年受到了父母无微不至的关怀和爱护。自从上了小学二年级后，她的成绩越来越差。开始，父母对她进行打骂，观察了一段时间后，孩子仍不见起色。渐渐地，父母对她彻底失望了，于是拼命赚钱以摆脱孩子造成的不快。闫莉也开始恨起了自己，越来越对自己失望，怎么努力也换不来父母的笑脸。于是，她每天回家都观察父母的眼色，生怕他们"电闪雷鸣"。

其实，失败的孩子渴望父母无条件地爱，但父母往往因为孩子的失败而感觉不到孩子的可爱。孩子感觉父母爱的只是学习成绩而不是自己，渐渐地学会了和家长对着干，你不让我做什么，我偏做什么。

父母都知道，无法将孩子送到上帝那里进行"退货"，只有用后天的条件将孩子用更大能力的发掘。俗话说，儿不嫌母丑，同样地，父母也不必嫌子拙，重要的是爱孩子本身。生活中，不是让父母拿孩子的长处与别人炫耀，而是为了孩子本身，让孩子发挥出自己真正的潜能。

过于看重孩子全优的成绩和各种特长的话，孩子就会认为自己必须样样走在前列才能获得父母的尊重。但是，孩子如果感觉到你对他的尊重建立在先天禀赋上，即使没有骄人的成绩单，他也会有信心活出自己的精彩。

孩子不是机械，也不是宠物，父母不是操作员，也不是主人。父母朝着目标努力时，不要放掉得失之心，也不要逼孩子非得成为自己心目中所想要的样子，否则孩子就很难有自己真正的人生。父母从来不需要给孩子一个确定的具体目标，即必须成为什么样的人。孩子朝着目标努力时，父母要放掉得失之心。否则，越是让孩子成为父母想要的样子，越接近父母的目标，孩子就越没有自己的目标。

你应该做的就是，为孩子创造一个空间，让孩子根据自己的主张，发展自己的信仰。而依葫芦画瓢，是无法发展自己真正的信仰的。

在生活中，孩子最抱怨父母是什么呢？特别是那些处于青春期的孩子，他们最希望就是父母不要随意干预他们的生活，这意味着他们是独立自主的。

因此，父母要爱孩子本身，而不是按照自己的设计培养孩子。自主成熟的人一些特质应是父母教育孩子应参考的东西。爱孩子本身，爱孩子本身的特质，这是成功的必备条件。我们谁也无法代替孩子成长，但可以让孩子成为一个独立自主的人，成为具有成功潜质的人，这才是教育孩子的关键。

贴心一刻

1. 孩子应清楚自己的目标，并勇敢地追求渴望拥有的事物。

2. 孩子要善于征询别人的意见，但最终由自己作出判断。

3. 孩子要有自己健全的人格和信念，守信用。

4. 孩子要有主见，不让别人拿他们的问题来责备自己。

5. 孩子还要欢迎别人的批评意见，但不会糊里糊涂地全盘接受。

爱的细节

孩子很少能够开口说出：父母爱我吗？在父母眼里我是怎么样的孩子等。但他们具有细腻的心理，能够感觉出父母对他们的点滴之爱。

一次，某中学所有初二老师都收到一个女生写的信，里面赫然写着："我怀孕了。"众老师大感震惊，于是进行了仔细调查和检查，发现这个孩子说的都是谎言。通过仔细了解，这名女孩生活在一个单亲家庭，平时缺乏父母的爱，这样做的目的是为了吸引老师对她的注意和关心。

一般来说，生活在单亲家庭的孩子缺乏父母一方的爱，行为容易偏激，甚至遇事没有控制力，不计后果。所以，对孩子敏感的心灵而言，父母爱的细节对孩子的成长至关重要。

几个月大的小孩子会要求父母活在他们的视线里，一离开，他就哭闹。这既是安全的需要，又是爱的需要。和孩子做事谈话时，你可能边谈边做些什么，而孩子可能要求你把手中的活能停下来，让你关注他，然后从头到尾再讲一遍。

和他玩耍的时候，如果你睡着或打电话时，他可能就会不满，甚至表示抗议，这说明孩子没有获得足够爱的缘故。孩子与小朋友一块玩，你如果把眼光放在小朋友身上，而不去关注他，孩子就不会感到满足，甚至与朋友分享也不能替代他单独成为焦点的时光。

有的父母可能对此感觉有些担忧：孩子成为关注的中心，会宠坏孩子的。其实，关注孩子并不是溺爱孩子，它是传递爱的桥梁，就像我们爱人和朋友之间传递感情的桥梁一样。作为成人，我们不能容忍没有对方关注的友情或爱情。孩子也是这样，爱的细节带来的甜蜜能够让人的情感和心智得到健全的发展。

为了让孩子得以正常成长，更好地发展身心，只有注重爱的细节，加深孩子被爱的感受。比如，和孩子在一起时，把注意力完全放在孩子身上，给予他一对一的关注，而不要被事务所打扰。孩子就会感觉到，自己在父母的世界非常重要。我们如果下班后，乐意放下报纸和电视，和孩子在一起，孩子就会感到快乐和满足。

在这种活动中，如果你单纯地让孩子做，那么你的细节并不能使孩子感觉到爱的交流。这时，他可能认为自己只是满足你需要的工具，并尽力实现你对他的期待。他就会感觉焦虑，开始怀疑你是否爱他。相反，你把主动权交给了他，他就会真切地感受到你的爱，并逐渐培养主动性，产生强烈的兴趣。

但遗憾的是，父母很多时候自以为把主动权交给孩子了，可能还是悄悄加入一些指导，这其实恰恰削弱孩子的积极性。

所以，父母应在生活中，以一对一的方式，时时注意爱的细节，时时关注孩子。他们常常确定你要留在他们的身边。当孩子享受到爱的足够细节之后，即使你边陪他，边做其他的，他也不会感到失望。

贴心一刻

1. 平时多关爱孩子。孩子得不到足够爱的细节之后，他要做的就是无何止的纠缠和索取了。接下来，你最好满足他的需要，而不是无视他。孩子只有得到足够的爱后，才会得到满足。

2. 让孩子分享自己的经历和参与的活动。如果只是对孩子给予关注，孩子就会缺少自我创造和独立行动的机会。所以，在爱的细节中，孩子既需要关注，又需要参与，以培养孩子的独立的精神。当然，一起做事的程度以不超过孩子的限制为宜，在这个过程中，要注意他的反映。你如果想让孩子加入你的行动，一定让他自由选择是在一旁做一个旁观者，还是决定一起动手。如果这种活动符合孩子的兴趣，则有助于培养孩子这方面的能力。

顽劣的孩子需要什么

父母们的一致观点是，顽劣的孩子不好教育，他们好像脱缰的野马，任由自己纵横驰骋，而不顾其他的人和物。所以，父母向顽劣好斗的孩子表达爱心，常常大伤脑筋。但是，父母真要那样去做时，孩子的顽劣好斗的个性

马上在爱的消解下，得以消失。

  吴某在课上异常活跃，做小动作、欺负同学等样样在行，是一个劣迹斑斑的学生。在教师节的那天，老师们正在开会时，他拿着圆规把一个同学喝水的瓶子刺破、骂女同学、欺负个子小的男生，甚至还轻轻踹了女班长两脚，一直折腾不停。

  我接到同学们的举报后，同他进行了谈话。他很"坦率"地交待了"九项错误"，我并没有怎么批评他，而是和他一起分析这些事情的原因，肯定了他在做这些事情之前并没有意识到会有什么后果，只是认为好玩而已。我问他：下次能不能少做一件，他说可以。我拍了他的肩膀，让他回教室了。

  在召开的班干部会议上，同学力陈他的"罪行"，一致认为该同学顽劣至极。我告诉班干部，要给别人一个改过自新的机会。直到九月底，同学们一致认为吴某简直就像变了一个人。为此，我肯定了他的进步，并给他找了一些负责的事做，比如查胸卡和上报登记表等，一系列的事情让其重新审视了自己，唤起了责任意识，找回了自信。

孩子是家长的希望。准确分析孩子"犯错"的原因，站位于孩子的角度思考问题，给予孩子足够的关爱是解决好问题的关键。没有机会要创造机会给他，肯定他、放大他的"小"优点、淡化其在同学心中不好的印象，帮助其树立在同学中的威信。

其实，孩子的顽劣好斗、争强好胜主要是因为某种迫切的呼吁，这种呼吁就是你的爱。孩子渴望你关注他没有得到满足的需要。因此，爱犹如春雨，犹如改邪归正的良方在孩子面前立即大显威力。它可以缓解孩子的焦躁紧张，它可以缓解孩子绷紧的心灵。

爱是顽劣孩子疗伤的良药，而不是对其行为的赞赏。这时的孩子会感觉安慰，安全，因为他得到了理解和关心，有助于缓解苦闷的情绪，抚平扭曲的情绪，阻止顽劣的行为。如果你对孩子献上爱和关心，就等于你赠予了孩子友善。沉湎父母爱中的孩子很少挑起冲突，很少对他人对自己造成伤害。

孩子就是孩子，坏行为可以得到改正。重要的是父母自身，父母爱的是孩子，而不是孩子的成就和行为。孩子令你担忧或烦恼，你所做的就是向孩子提供爱。这时你必须审视自己思想，把注意力集中到眼前的事情上。否则，你的思想不是真实的你，行为不受你的控制，要确认这些思想对你的爱究竟是有积极的促进作用，还是有消极的阻碍作用。然后，和孩子开心地相处，即使对他要求的事进行否定时也是如此。

所以，父母要了解自己对孩子的爱，否则，言行不受控制，所表现的就不是真实的自己。教育孩子只有在爱的背景下，你所找到的方法才不会是激进而毫无见地的，而是平和的，能够满足每个人的尊严和需要的。

贴心一刻

1. 转变家教观念，少用暴力。对孩子过于严厉是一种旧式家教观念，它不过是为自己解脱罪责的一种借口。爱从不会对孩子造成伤害，只会传递温情。在童年，我们如果受到父母无条件的珍爱，就不需要被指导去如何爱孩子。

2. 父母害怕给予孩子爱，原因在于我们缺乏获得爱的经验，担心孩子会把我们的爱视为理所当然，并借以利用我们。或许，我们感觉付出容易受到伤害，所以关闭向孩子表达爱的大门。实际上，孩子不会把爱视作理所当然，相信爱是一种健康的心理基础，它支撑着孩子成为一个具有同情心、有才能、有爱心和有才华的人。孩子不会把精力浪费为了获得所谓的肯定上，他就自由自在的成长。

唤醒孩子的爱

父母爱孩子，目的是让其健康顺利成长，而且，也教给孩子爱父母、爱别人、爱这个世界。

在农村，有很多这样的情况，孩子的父母没有多少文化，其学校的老师也是文化水平不高的乡村老师，但很多孩子却能以超乎常人的毅力和耐心，长大后，在很多领域做出很大的成就。

调查研究发现，他们之所以如此，是因为他们宽容，具有可贵的爱心，而且善于忍耐，锲而不舍，总能克服难以想像的困难。他们的积极应对令很多其他孩子的父母羡慕不已。他们纳闷了：是什么让这些条件不怎么好的孩子具有那么大的能量。其实没有什么秘诀，条件艰苦的孩子之所以突出是因为心中的爱，产生情感和爱的动力。

很多情况下，物质的匮乏并不能阻拦爱的传递，那种爱来自于他们善良的父母，还有那朴实的农村老师。在高中的时候可能离开家乡，带着那朴实憨厚的笑容，除了微薄生活费外，什么都没有，他们只有纯真和爱的付出。他们默默地学习，无言的忍耐，持久得一如既往。

所以，教育孩子还在于培养孩子的情感，唤醒孩子身上沉睡的爱心。在爱的情感教育中，生活很多尖锐的矛盾往往可以得到化解，同时使孩子以更高的热情实现更高的奋斗目标。

有一天夜里，天上下着大雨，忽然进来一个人捎信说，"你的父亲病了，而且病得很重，需要去镇上的药铺买些药去。"这时，已经是晚上十点多了，我于是直接买好药，做了返回老家的准备。

从这里离父亲的住处还有二十多公里，大雨倾盆，而又没有马车，宝宝非得跟我一块去。我想拒绝，但看到孩子那紧张严肃的表情，我无法拒绝，就上路了。

雨越来越大，风越来越强烈，雨点已经狠狠地砸在我们的脸上。而且，还不时有闪电在空中划过，把路面和四面的田野照得雪白明亮。孩子把我的手抓得紧紧的，不时用另一只小手去抹顺着头发流下来的水。

路上坑坑洼洼，四周漆黑一片。我们手中的小马灯只能照到很小的路面。不知走了多长时间，前面出现了几户人家。这时，我发现孩子已经太累了，于是建议在此躲雨休息一会。

话音刚落，孩子便说："快走吧，要不然爷爷会严重的。"听到这里，我的眼里有一丝泪光，多好的孩子啊！于是，我们继续在风雨里向前赶路，当到了爷爷家时，孩子累得已经站不起来了。第二天早晨，雨过天晴，阳光撒满了大地，孩子醒来后第一句就问："爷爷把药吃了吗，爷爷好了吗？"

我心里更加感动，孩子的爱已经被唤醒，这就是爱的力量。

生活中类似的例子实在太多了，父母们都是通过爱的故事和行为，到最后在孩子的心中形成无法磨灭乃至一生难以忘却的事情。

基本成了定律，爱的记忆带来的是积极的情感动力。默默奉献、忍耐、宽容的母亲，从不泄气、为了家庭像一个坚强战士一样的父亲，慈祥的祖父，唠叨而无原则地爱自己的老祖母，还有富有学识仍不失质朴的老师。不管在知识和社会领域走多远，我们都要谦逊地向留下美好事物的这些人致谢，教育是不是太困难？你还能在生活中发现类似的教育吗？

贴心一刻

1. 给孩子留下爱的记忆。孩提关于爱的记忆令我们每个成人清醒和难以忘怀。

2. 让孩子学会助人为乐。助人为乐是一种大爱，对别人来说得到帮助，对自己来说得到奉献的快乐，对于社会来说，得到一片和谐。

第七章　孩子最大的幸福

——给孩子营造一个温馨的家

> 和睦的家庭空气是世上的一种花朵，没有东西比它更温柔，没有东西比它更优美，没有东西比它更适宜于把一家人的天性培养得坚强、正直。
>
> ——德莱塞

家庭既是孩子成长的摇篮，又是孩子人生教育的学校，父母就是这所学校最重要的老师。因此，家庭的发展与和睦，对于孩子来说非常重要。

紧张的父母关系对孩子影响有多深

上个月的暑假期间，北京一居民楼发生一起盗窃案，有两家业主的物品被盗，被盗财物折合现金 60 多万元。当地派出所仅用七天就把案件成功侦破，将三名案犯全部缉拿归案。成功破案并没有让警察脸上增添多少笑容，相反心情却非常沉重。

原来，三名案犯全是上中学的孩子，他们都生活在问题家庭里。一位刑侦警察说："案件虽然破了，但我们几个却一点高兴不起来。"另一位警察接着补充道："这几个未成年人的行为让人侧目，但他们的家庭长期不和睦，导致家庭生活环境恶劣，我对他们的父母表示愤怒。"

孩子违法犯罪不是偶然的，与他们的家庭状况有着密切的关系。其实，类似的事情在社会上已经屡见不鲜，在这里，又印证了古人的一句话：家和万事兴。

在一个家庭里，夫妻关系对孩子的影响很大，它往往影响孩子的一生，和睦的父母关系可以让孩子甜蜜地回味一生，恶劣的父母关系也可以让孩子痛苦一生，甚至在一定程度上决定了孩子的性格和前途。

一位老师在一次教学经验交流会上这样说道："我班上有些成绩很不错的学生，有的还是学生干部，但在他们的父母关系冷战或闹离婚期间，他们也会发生明显的变化。比如，上课注意力不集中，有的作业不能按时完成，而且伴随情绪低落，对班级没有一点积极性；有的则学习成绩忽高忽低，极不稳定；有的性格怪异、孤癖等。

他们的一致表现是，心理压力很大，不愿与外人交流。所以，那些长期生活在父母冷战阴影中的孩子，对社会、事物和人生就会产生极度的不信任感。

一位处在长期不和家庭关系中的孩子，在日记中这样写道：

"亲爱的爸爸妈妈，不知你们到底有多少深仇大恨，一下班回家就吵个没完没了，我们家里的'晴天'实在太少了。你们是否知道：你们快乐，我便快乐；你们伤心，我便伤心；你们幸福，我便幸福……现在，我的阴天远远多于晴天，就像一只在汹涌大海颠簸的小船，随时都有可能沉没。在你们吵架的"努力"下，我的成绩下降得越来越厉害了。我劝解了你们一次次，一回回，可始终没有效果。我只愿你们和好如初，让我置身于充满灿烂阳光的春天里吧！"

对于一个不和睦的家庭来说，紧张的夫妻关系会影响整个家庭的繁荣和孩子的健康成长。处于酣战中的夫妻两个，早已忘记了爱情的成果——孩子，他们相互揭短，只看到对方的不是，孩子则被放在了一边。那些争吵时常拿孩子当出气筒的父母更是愚不可及。

其实，夫妻常常冷战的结果不仅影响双方的事业，而且更重要的是，影响了孩子的性格，让孩子失去成长的快乐。在学校里，孩子就不大喜欢谈论自己的家庭，甚至常常处于沉默寡言和孤独之中，这些孩子以后将对谁都不相信，心生自卑，做事缺乏信心。

当然，也有一些父母发觉自己的行为影响了孩子，心生内疚之情，感觉欠孩子很多，他们便对孩子作出"补偿"——从此溺爱孩子。孩子以后有错，父母往往睁一只眼，闭一只眼。放纵孩子的结果也是不妙的。

家庭关系为什么对孩子这么重要呢？这是因为人一生最重要的是在幼年来自家庭的教育熏陶，它既可以决定孩子的性格脾气，又能决定孩子在为人处事方面的能力。对一个坏孩子来说，其罪魁祸首往往不是孩子本身，而是家庭内部不和谐对孩子造成的冲击。

从长远来看，父母关系融洽，孩子就会从小待人礼貌而和气，并孝敬长辈；那些缺少家庭关爱的孩子，往往长大后脾气暴躁，不担负自己的责任。任何形式的打架争吵对孩子都不会有什么好处，僵持的冷战、短兵相接的热战、貌合神离的温战都会让孩子感到莫名地恐惧、无助和无所适从，对孩子的思想、学习和性格带来直接的影响。长期处于战争的家庭对孩子来说无异于灾难，将给其一生带来无法弥补的创伤，甚至成为孩子犯罪的诱因。

贴心一刻

1. 别影响了孩子。为了孩子，同时也是为了自己，请好战的父母们记住：有事好商量，为什么非得争吵得昏天黑地？你们将为自己的行为付出惨重的代价，这个代价将像永不愈合的伤口一般，时常在你和孩子的心中隐隐作痛。孩子是无辜的，更是可爱的，他们渴望家庭完整的爱。你们能否为了孩子收敛一下自己，别再让孩子为你们不负责的争吵埋单。

2. 家和万事兴。"和"字无论对于家庭，还是社会来说，都具有很大的威力。这也是从古代老祖宗那里留下来的箴言。

不可少的家庭娱乐和家庭会议

孩子的成长是需要玩耍娱乐的，对于一个家庭来讲也是如此。一个家庭在所有事务之余，经常来一些特别的活动来增强凝聚力，更能增进彼此的亲情，温馨而融洽。

一提到家庭，父母首先想到的是，做不完的家务、事务，家庭成员之间也是可以娱乐的，不能把娱乐局限于亲朋好友之间，

或许，父母都非常注重每个家庭成员的生日，常常盯着日历等待那个特别的日子到来，但时间往往太长或太久了，因此没有必要这样左等右等，为什么不在每周、每旬或每月制订一个特别的日子呢？它可以是游戏、也可以是唱歌、还可以是一顿丰盛的大餐、一次旅行等。

这些生动有趣的活动让孩子参与其中，既活跃了家庭气氛，又可以锻炼孩子的性情。

周六晚上 8：00，又到了召开家庭会议的时间了。我刚吃完饭，

正津津有味地看我喜欢电视节目，听见妈妈叫我去开会。

"赶快过来开会。"妈妈叫我，那认真劲甭提了。我只好关上电视，无奈地应了一声。心不在焉地坐在了客厅的椅子上。

妈妈说："爸爸忙工作去了，今天的家庭会议就你和我两人参加了。"

我嘟囔说："就算出席了，也不会关心我的学习。"

妈妈说："其实你爸爸挺关心你的学习，只是他太忙而已。"

我不耐烦地说："有什么事情，快说！我还得赶快休息呢。"

妈妈撇了我一眼，说："怎么了，着急了，看电视倒挺上心的。"

我应声道："好吧！我不急，别说得太慢。"

妈妈抑扬顿挫地说道："现在，请小虓总结一下这周的学习情况。"

我想了想说："本周的学习总体情况不错，语文、数学和英语做得都不错，并且一直坚持课外阅读和体育锻炼，但就是一些地方有点粗心，没有按原计划每天听半小时的英语 CD，学习提高班进度比较慢，争取迎头赶上。"

妈妈反问道："那么，你下周如何办呢？"

我说道："我下周做数学题要尽量细心些，并按计划每天听半小时的英语 CD。"

妈妈补充说："还有，这周尹虓按要求写了两篇作文发表在了博客上，得到了过万的点击量，这证明虓虓的作文水平有了明显的提高，在此应该表扬你一下，希望你以后继续努力，多写出更好的作品。"

妈妈最后总结道："本周家庭会议总结了大体情况和不足之处，尹虓讲得不错。由于爸爸没有督促，导致数学题出了一些错误，是因为爸爸没有时间，妈妈又忙于家务，没顾得上你。下周的作文也是必不可少的，我和你都要写，希望你下周更进一步。

我急不可耐地说："好好，我保证完成任务。"

以上情景是一个家庭的会议实录，它总结了过去的状况，发现了不足之处，并提出其他可替代的方法。

快节奏的生活容易使人疲惫，进行一下必要的家庭娱乐，则可以帮助孩子放松心情，又可以为下一步做事积蓄能量。同时，每个家庭都会有数不清的日常问题，这些问题如何解决呢？一些家庭只靠父母的耳提面命，孩子永远处在一个接收者的地位。孩子也是家庭非常重要的一分子，有什么办法可让孩子好好参与呢？答案是家庭会议。

家庭会议做什么呢？它的内容可以是家庭物品的采购、家庭成员的问题讨论、家庭事务的规定和家庭开支的开源节流等内容。

家庭会议可以赋予孩子发言权，自由表达自己对问题的看法，并提出自己的建议。在这个过程中，父母应教会孩子如何解决问题，对事情进行统筹安排，如何进行沟通交流。而且，家庭会议可以培养孩子对家庭的归属感，这尽管不是一个商业会议，你却会为它得到的成果会感到赞叹不已。

如果在家庭会议召开时，你无话可说，或只说一些无关痛痒的话题，那么，家庭会议的意义就不大了。因此，这需要父母在生活中，把所有的问题都记下来，记到一个经常看到的纸上，以便开会时做好充分的话题准备。家庭会议最好每周一次，每月总结一次。在特殊情况下，可以开临时会议。对于一些棘手的问题，可在下周开会重新讨论和修改。

家庭会议的意义在于它在发扬民主的基础上，增进各方的关系。用家庭会议的形式可以用来解决日常生活中的问题，发展彼此间的尊重和责任，促进平等自由交流。

贴心一刻

1. 开会者要注意会议的时间，并由一个家庭成员来主持会议，同时，要注意维持会议秩序，确保每个人都有发言的机会。

2. 孩子在开会的过程中，可能对会议议程有所不满。这时，父母应抽点时间来讨论他，如果他有进步，就为此表扬他，让他主动自觉。在会议的最后，可以以一盘点心和打一会扑克来结束会议，这样的家庭会议可以减少家中严肃的气氛，又增添了些温情。

特殊的成长环境

韩强和周刚是某中学的两个学生，他俩有个共同点就是都不爱学习。韩强特别钟爱学校附近社区的那个小网吧。韩强在一次上网的时候，碰到了周刚，两个爱好网游的少年一见如故，惺惺相惜。两人经常待在网吧，很快，将父母给的零花钱花光，最后两人决定出去弄点钱花花。他们没有什么技能，认为抢劫是最直接、有效的办法。两人考虑自己未成年，不是成年男子的对手，便把目标锁定在单身女人身上。

某个晚上，他们事先预谋，在某小区某单元楼下踩点，等待目标的出现。等了大约半个小时，两人遇到在外面上班的刘女士，一看机会来了，他们一拥而上，欲抢刘小姐身上的包。刘小姐死活不松手。韩强立刻来了一个"扫荡腿"，刘小姐顿时仆倒在地，两人顺手抢走了包。

两少年尝到第一次甜头后，便频频作案。在接下来的一周内，两人抢劫八次，抢得赃款5000多元，手机等赃物三件。警方接到受害人的报警，连续几个晚上在附近蹲点守候，终于抓住了正欲抢劫的他们。

经警方调查，韩强和周刚在成长的过程中都深受家人爱护。但是，两个人家境特殊，显得与其他同龄孩子之间格格不入。韩强是一个婚外子，父母双双进了监狱，此后，一直由爷爷奶奶负责照看。爷爷奶奶虽然对其关怀备至，但他缺少父母应有的关爱。周刚的情况也是比较特殊，其父母都是聋哑人，他的出生令哑父哑母高兴万分。哑父哑母考虑到自己是残疾人，便交由他们的爷爷看管。

孩子如果处在缺乏监管的家庭里，就会任其自然，犹如脱缰的野马，导致"野蛮生长"。例中孩子小小年纪就违法犯罪，既令人感到愤怒，同时又令人感到痛惜。

每个孩子的人生在开始的时候都如一张白纸，至于什么内容，全由孩子在后天书写。人生的环境对孩子的人生具有强大的影响力，即孩子的人生内容与其生活的环境息息相关。

老师背负繁重的教学任务和学校其他诸多事情，也会很少关注那些生长在特殊成长环境中的差生，差生其实就是那些在遵守纪律和学习成绩和行为表现方面处于暂时落后的学生，但他们也是受教育的对象，更需要老师的教育，去聆听他们内心真实的声音，去关注他们的亮点，发掘他们的潜力，使其正常成长。孩子父母由于感情不如意而放任孩子自流，但从孩子的角度来说，父母的离异本就给孩子造成很大的损失，不要再让孩子雪上加霜，应尽可能地补偿孩子的成长，当然也不是溺爱孩子。

贴心一刻

1. 平等对待孩子。学校发现一些特殊家境的孩子后，将教育资源更多地倾向于他们。多给孩子表现的机会，多鼓励孩子追求进步，不断走上知识的高台阶。

2. 施以爱心。特殊家境的孩子内心敏感，学校给予他们比其他学生更多的爱，不歧视他们，让他们安心地学习。

3. 校家联手。学校和家庭达成教育共识，共同教育孩子。

温馨是相对的，制订必要的家规

很久以前，有两家人因生意结怨。失败的一家家破人亡，男主人在走投无路之际时，遇到一个女巫。他想让巫婆用最毒的方法为自己报仇。巫婆为此向他要了很多的钱，说一定要把这件事情办好，

并请他放心。

一段时间过后，出乎意料的是，女巫把仇家的儿子说成神仙下凡，搞了一个盛大的捧场给供起来了，从此让其衣来伸手，饭来张口。令男主人郁闷的是，自己节衣缩食，却还要花钱供养仇家的儿子。满腹狐疑的他于是找巫婆兴师问罪。

女巫说："我收了你的重金之后，一心为你办事，不敢有丝毫懈怠。我当时考虑，你的仇家老来得子，百年以后，他的儿子就是他们家庭财产的唯一继承人。现在，我把他的儿子伺候得无微不至，这样，他长大之后就没有任何能力维护家产，以后你可以兵不血刃地把仇家的财产据为己有，天下报仇的方法没有比这更毒的。人间没有一条比这更歹毒、更下流无耻，但是听起来又高雅圣洁感人。我费尽苦心，为你们筹划，反而招来你的抱怨。"

虽是故事，但给人的启迪却是深刻的。家庭一味地温馨不能带给孩子什么金钥匙，相反，它很容易给孩子培养出惰性。

在这个世界，人类都比较崇尚自由，孩子也有这样的需求，他们大都这样回答："喜欢做我想做的事情，吃我想吃的东西，我爱吃多少是多少……"乖乖，这听起来似乎很棒！多么自由愉快啊！这样就可以从一成不变的生活中得到解脱，尽情放纵一下自己，父母和孩子都喜欢这样。

如果这样做了，热情大概只能维持三天左右，父母便发觉浑身不对劲，就开始厌倦这种"无拘无束"的生活，向往起以往家庭生活的美好来，比如，家庭的温馨熟悉、固定作息的舒适感等。作为成年人，父母都有这样的认知，而孩子呢？

孩子却缺乏这样的认知，他们可以一连六个小时观看《喜洋洋和灰太狼》，可以一块接一块地吃着巧克力糖果，这实际上会把他们害惨的。

孩子在家中的时候，生活的规矩太少，就会发生不可预料的事情。放任的父母可能会双手一摊，埋怨地嘀咕："都是按照你们的要求啊，为什么还不开心？"

事实上，一些孩子嘴上说自己想要的，但并不是他真正想要的，孩子并没有自己的标准。看到事情先去做，做到哪里说哪里。因此，一个家庭给孩子树立规矩是必要的。这个规矩可以包括：固定的作息时间、有规律的用餐时间等。

规矩是一个健康家庭的必备要素，孩子如果没有规矩，我行我素，是不行的。因为他们缺乏控制力，不知节制，任由胡来，容易出现事端。所以，父母有责任为孩子制造一个有利的环境。这并不是说非得要固定住他们，不要越雷池一步，要让他们在那里做他们自己想做的事情，制订适当的规矩，让他们服从，这对他们是有利的。

规矩是什么？为什么要制订规矩，这真是一件烦人的事情。其实不然，规矩听起来是一种束缚和限制，人们都不希望有它，但是世界上确实有很多的规矩，比如，什么事物适合待在什么地方，家里的每个家庭成员都有属于自己的"领土"。物品也是，什么地方放什么东西，都要定位准确，井然有序等。

贴心一刻

1. 规矩即秩序。没有秩序的家庭是可想而知的，井然有序，和睦温馨，是健康家庭的特点。一个没有规矩的家庭，必将充满混乱并缺乏温暖，给人一种冷漠寡味的感觉。

2. 为什么要给孩子定规矩？孩子是未成年人，各方面不成熟，容易走入极端，而规矩则可避免这些。

请父亲多陪陪孩子

在我国，家庭工作的分配格局一般是，男主外，女主内，这是我国传统的习惯。男子在家庭中一般担当起为家庭挣钱的重任，妻子的重点放在家里，做饭、教育孩子等。一个儿童咨询中心的调查表明，八成以上的儿童是由母亲或长辈照看的，父亲出面照看孩子的情况很少。

大部分的情况下，父亲是游离于儿童生活之外的，在家庭教育中基本上

是一个旁观者。同样，在那样有关家教培训和讲座中，大部分都是母亲或长辈参加，而父亲在这里好像是一个边缘角色。国内的一项研究发现，母子和母女相处的时间明显多于父子和父女相处的时间，孩子的年龄越小，这个特征愈发明显。

父亲很少参与孩子的家庭教育，这与"男主外，女主内"的家庭模式有关。这既是一种传统的家庭模式，也是现代存在的普遍家庭模式。

父亲由于所处地位的特殊，与孩子沟通较少，离孩子的心较远，反而不如母亲那般在孩子面前如鱼得水。对孩子来说，由于和父亲接触少，长大以后，缺乏必要的性别认同榜样，常常把秘密压在心底，缺乏父亲应有的品格。美国一位社会学家认为，男孩子八成以上的时间都与妈妈生活在一起，他们长大以后，一般缺乏阳刚之气，将不知道如何做男人。

> 有一天，儿子在公园里骑童车不小心摔倒了，妈妈见状马上要去扶他。妈妈刚要伸手就被爸爸挡住了，爸爸对儿子说："好宝贝，自己起来吧，你是一个勇敢的男子汉。"结果，本来要在地上哭鼻子的儿子，马上停住了哭声，擦擦鼻涕，竟真的自己爬起来了。儿子起来后，爸爸妈妈在一旁鼓掌，孩子又高兴地骑着童车玩去了。

乍一看，父亲的做法似乎不近人情，但这对孩子的独立性具有好处。

实际上，父母都有各自的局限性，两者的角色缺一不可。如果家里只有妈妈带孩子，孩子在矛盾和冲突处理方面只会以一种方式解决。而在父亲面前来说，孩子就多了一道选择，多一个视角和方向。随着孩子年龄的不断增长，孩子将会创造出自己独特的灵活方式。

父亲在生活中，往往起一个引导者的角色，给孩子另外一个发展的方向。我们在生活中常听母亲抱怨父亲太粗心，太大意。父亲的确是这样，但这恰恰给孩子提供了自我尝试、自我探索和自我纠正的机会。一位女士这样说：

> 一次，我下班回到家，就听到屋里叮叮当当地响，以为是丈夫在修理东西。进屋一看，吓坏了，原来是六岁的儿子拿着锤子在块木材上钉钉子，而他爸则在一旁当看客。我非常生气，一把从孩子手里拿过锤子，然后质问他爸："孩子这么小，万一伤着自己如何是好？"儿子则被我突如其来的举动吓哭了。见孩子哭得那么伤心，我

把锤子还了他。而后，孩子也没有伤着自己。

后来，我发现，孩子的爸爸虽然带孩子的时间很少，但孩子非常喜欢跟着爸爸一块跑啊，疯啊，做了很多让我感觉非常诡异的事情。我终于明白了，孩子其实可以做好很多了不起的事情，远比我们想象的坚强，只是母亲的心太软。

美国一个著名的人格心理学家认为，任何一个人身上都有男性特质，也有女性特质，但只有两项平衡发展，才是健全健康的人格。而父母亲正好担当这两种角色，缺一不可。

近年来，孩子倾向于女性化，阴盛阳衰，使严父的形象大大受到欢迎。现在，在一些发达地区，"男主外，女主内"的家庭模式悄悄发生了变化，变成了"男主内，女主外"的家庭模式。比如，瑞典和日本正发生着这样的变化。总之，父亲的角色对孩子的作用不可低估，父亲在有空时多陪陪孩子，让孩子秉承父亲果断、勇敢和善于冒险的特质，一往无前。

贴心一刻

要重新认识一下父亲的角色，有父亲的"懒、粗、狠"给孩子带来了好处。

1. "懒"激发了孩子的主动能动性，增强了孩子的自主性，减少了孩子过于依赖成人的坏习惯；

2. "粗"给孩子思索和纠正的空间，从而有利于自我解决问题；

3. "狠"给孩子说明了不在嘴上大讲道理，只用刚性原则解决问题，记住教训，自觉遵循。

家是孩子成长的摇篮

有人说，家可以很大很大，宇宙就是星星的家；家可以很小很小，茧是

蛹的家……家不管大小，里面都曾装满过无尽的幸福和快乐，它就像一眼不老泉，见证了孩子从出生、成长，直到成才。

人生的大部分时间都是在家里度过的，这个家可能经历过争吵，甚至风风雨雨，但一定充满过幸福快乐。家可能不是永久的，记忆却是永远的，但它带给人的回忆却是内涵丰富的。家既是父母的爱巢，更是孩子成长的摇篮。

影响孩子的心理健康的是家这个摇篮所构成的环境，这个环境包括家庭成员结构、经济条件、父母职业、实物环境、语言环境、心理环境和人际环境等。它是孩子人生成长的基石，对其心理素质的形成和发展起着决定性的影响。所以，建立良好的家庭环境是孩子身心健康发展，形成良好心理素质的重要保证。

具体来说，良好的家庭环境影响着家庭每个成员的心理，尤其是对孩子个性品格的形成具有特别的意义。家庭成员尽管有时会发生矛盾，但在原则问题上的意见是一致的。在这种相互合作和谅解的氛围中，孩子学会了互相帮助、互相合作。

另外，父母良好的教养态度是孩子良好心理素质形成的关键，直接影响孩子的行为和心理。即，孩子良好的行为习惯是父母教育的结果，同样，孩子不良行为也是父母教育的结果。

良好家庭常以民主、平常的态度感染孩子，并把以忍耐、平等、互相关心等良好心理传染给他人。这种家庭能孩子更多的鼓励和良好的引导，对孩子的错误能够恰如其分地批评和指正，有助于提高他们对生活的认识，逐渐培养坦诚友好、自尊自爱、大方热情、关心他人和独立处理事务的能力。

不良的家庭对孩子的影响也是不良的，甚至影响孩子的一生。

有的家庭往往遵循封建陋规，强调辈份，强调绝对服从父母的意志，稍有不从就对孩子加以惩罚，使孩子缺乏自主权，学着看父母脸色行事，形成胆小、懦弱的性格。对孩子惩罚过度的家庭可引起孩子蛮横、撒谎和叛逆的心理，甚至会在捉弄他人、寻机报复中得到心理上的补偿和平衡。

有的家庭成天争吵，互相折磨不休，犹如精神炼狱，对孩子造成不良的影响。这时的孩子往往心理不健康，对外界冷漠、偏执等不良习气迁移到别人身上来发泄以求心理平衡。这样的孩子让老师很难管教，容易犯错。因此，只有相处融洽、尊老爱幼、以理服人和以身作则，构建融洽的家庭气氛，才有助于孩子心理健康的形成。

总之，家中的父母是孩子的第一任老师，是孩子的启蒙老师……家庭环境对孩子的教育和影响是刻骨铭心的，这是任何人也无法代替的。有一个孩子在作文里写道：

> 家是我们成长的摇篮，也是栖息的港湾。我就有一个这样美好的家，并深爱着它。
>
> 虽然我家并不十分华丽，却是一个幸福温暖的地方，处处充满着快乐和和谐的气氛。我们一家总是和睦相处，爸爸妈妈感情非常好，从不吵架。爸爸勤奋幽默，总是把事情做得井井有条，还经常把我们逗得哈哈大笑；妈妈温柔贤慧，温存着我们全家，还能做可口的饭菜；我嘛！学习积极努力，经常受到老师表扬。而且，我是一个非常懂事的孩子，从不惹爸爸妈妈生气。每当我取得好成绩，爸爸妈妈总要为我庆祝一番，带我吃最喜欢吃的烤鸭。每次，我都是先为爸爸妈妈斟上一杯酒，因为我知道，优秀成绩的取得，除了老师的功劳外，还有爸爸妈妈对我的培养。
>
> 我爱我家，一个让我倍感幸福和温馨的家，并且给我支持和力量的家。每当我在外面遭受挫折时，爸爸妈妈为我排忧解难，教我如何直面生活，使我懂得了人生不是一帆风顺的，要经受住生活的挑战和考验。
>
> 我喜欢这个充满温馨、幸福的家，不论此生我走到哪里。

孩子所描述的家是和谐和令其自豪的，他在这里得到了父母辛苦的培育，使自己得以良好的成长，它就像一个纽带，时刻牵引着孩子的心。

孩子成长好坏都与家有关。有的父母不会正确地爱孩子，他们对孩子有求必应，一味地给予物质的极大满足，不能让孩子吃一点苦，结果孩子长大后，天天吃苦；有的父母为了自己的工作，或是"二人世界"，不惜抛家离子；有的父母抱着一种漠不关心的态度，让孩子"树大自然直"，使孩子在不知不觉中就学坏了……这些都是父母不负责任的表现。

还有，孩子无时不在受父母人生观和价值观的影响。父母一些错误的人生和价值观念，灌输在孩子身上，无异于毒药。比如，"劳动可耻"、

"知识无用"、和"金钱至上"等都是腐蚀孩子心灵的毒药。而且，孩子不是父母的私有财产，不能接受来自父母的所谓人生目标。孩子有其自己的天份、性格和兴趣，父母所做的就是学会引导，善于引导，达到水到渠成的效果。

在家里，父母就是孩子的样板，其融洽和谐的家庭环境对孩子至关重要。父母生活中的言行举止无形中对孩子产生一种潜移默化的效仿作用。父母之间互敬互爱和以身作则，就等于在孩子面前树立了一个鲜活的榜样。这就是所谓的"有其父必有其子"。

一个健康的家庭，必是孩子健康成长的摇篮，决定着孩子一生的快乐，同时也决定父母自身的快乐，实现孩子幸福的成长。当父母无意中谈起其他家庭好时，孩子总是骄傲地说："只有我们家最好，爸爸妈妈最好。"孩子的自豪感来自于一个和睦和充满爱的家庭环境。

所以，家是孩子成长的摇篮，是孩子良好心理素质和健康成长的土壤。父母进行家庭重组最关键的问题是要大力提高父母的素质，加强他们的责任感；充分认识家庭对孩子成长的重要性，尽可能地为孩子的成长创造条件，抵消家庭重组给孩子带来的不良影响。

贴心一刻

1. 言传身教。孩子在父母身边一天天长大，让做父母的有说不出的高兴，同时肩上的责任担子也在增加。所以，父母在孩子面前说话、做事要做出榜样，更要谨慎，以利于孩子的健康成长。

2. 把孩子放在首要位置。家是孩子成长的摇篮，不论外面遭受什么样的风雨，父母应尽可能维护这个家庭，使孩子顺利成长。

3. 给孩子自主权。不是说要他们坐享其成，什么都不要做，否则，孩子长大后就是"废人"一个。相反，父母要让孩子经受锻炼，提高独立生活的能力。

父母再忙也要带孩子

由于经济的飞速发展和人们生活方式的改变，有的父母为了追求更多的经济利益，整天忙碌，相应地，父母就没有多少时间顾孩子了。那些30岁上下的白领夫妇拥有这样的烦恼，一头是孩子，另一头是事业，两头只能选择一头。孩子由于缺乏父母一方的照顾，容易在心理上出现问题，缺少父亲的照料会使子女产生自卑和不安全感；没有母亲的关心会让孩子感到缺乏幸福感和亲切、温柔感。而且，父母的任一方缺少都容易使孩子在前途的选择、人际关系的沟通上产生障碍。一位老师说过这样一个孩子：

年初，班里从其他学校转过来一名叫宏的男生。他第一天听课，尽管有一点小动作，也算说得过去。我在第二天检查作业的时候，发现宏的作业本上字体非常工整，开始让我怀疑是父母代做的，其实不是。接下来，宏的表现越来越差，作业做不完、欺负同学、迷恋游戏都是他的短处。我知道，孩子一点都不笨，除了有些聪明之外，还写得一手好字。为了帮助他，也为了维护他的自尊，我与宏开始谈话，没有将这些情况告诉他的父母。但孩子的表现还是令人不满意，他经常把自己的恶作剧归因于别人，为了一点小事就动武解决，经常埋怨自己生错了家庭，要不就不用过这么苦的日子，最让他受不了的是班上的同学瞧不起他。

自从迷上游戏后，他常常出入网吧。为了筹上网的钱，他开始偷同学的零用钱。为了避免他越陷越深，我找来了父母。通过交谈，我得知父母在家常常用武力教育他，平时由于工作很忙而无暇顾及他，使他养成了孤僻和叛逆的性格。

我于是对他的父母说，平时要多关心一下孩子，与孩子多作交流沟通。父母当时答应得好好的，可过不了多久，还是忙着赚钱，把教育孩子的事情忘到九霄云外去了。我最近一次给他们打电话，他们竟忘了我这个老师是谁，更不用说教育孩子了。

父母工作忙是可以理解的，如果说忙得没有时间教育孩子，没有时间和孩子相处就有点说不过去了。只要在一起生活，亲子时间总还是有的。宏因为缺少父母的关心，性格变得逐渐孤僻和叛逆极端起来。

孩子的成长需要父母的关怀和呵护，父母有时不用专门教孩子，即使和孩子相处就已经在行使教育功能了。孩子和父母在一起总有一种安全感，并学会与异性交流。女孩子向母亲学会怎么做女人，怎么与女性相处；男孩子向父亲学会怎么样做男人，怎么样与男性相处。

有的父母其实也意识到了这一点，他们退而求其次，更大限度地追求经济利益的同时，给孩子作出相应的补偿。他们多给孩子钱，让他穿名牌，吃高档食品，这样做恰恰把孩子推向了过度追求享受的深渊。孩子需要的是心灵上的爱，需要的是父母的陪伴，不是金钱和物质所能弥补了的。

总之，做父母的你要让孩子感觉到自己被父母重视、爱护，一个被爱包裹着的孩子必将用爱来回报父母，回报这个世界。

贴心一刻

1. 解决好工作和教育子女之间的关系。父母不能把孩子交给祖父母完全不管，否则肯定会对造成不良影响。

2. 工作再忙也要管孩子。比如，父母投其所好，和孩子一起看电视、打电玩、集邮、看漫画……或一起养小动物、植物、打球、玩积木拼图等。

3. 父母带孩子要注意的事情。父母带孩子不要热心过度地陪做功课，不要心不在焉，不要把陪伴当成监管，家有两个以上的孩子不要专宠某个孩子。

第八章　不无故迁怒、姑息孩子

——保持父母坚定的立场和威严

> 假若孩子在实际生活中确认，他的任性要求都能得到满足，他的不听话并未遭致任何不愉快的后果，那么他就渐渐习惯于顽皮、任性、捣乱、不听话，之后就慢慢认为这是理所当然的。
>
> ——苏霍姆林斯基

孩子只是孩子，做事生活等各方面都不成熟，他们不具备法律意义上的人的行为能力，一味地民主、爱护将导致孩子更加放任自己，甚至不尊重父母，将很难教育他们。

保持父母的威严

在生活中，你是有权威的父母吗？下面的问题将带给你答案：

1. 当你和亲朋好友谈话时，孩子会无故打断你吗？

2. 在家里用餐，你和孩子之间有固定的餐位吗？

3. 当你对孩子进行说教时，孩子会不断反驳你的话吗？

4. 当着众人的面，孩子会跟你顶嘴吗？这种情况是不是会经常发生？

5. 在生活中，你会让孩子来表现对你的体贴和尊重吗？

上面这些答案如果全为否，说明你在家是一位有威严的父母亲。那么，父母为什么要保持自己的威严呢？

人的欲望是无限的，人追求自由的度也是无限的。为此，孩子会不顾一切地去不断索取欲望。但这些欲望是要限制的，让孩子了解什么东西是绝对不属于他们的。孩子其实是渴望限制的，但他们却不知道如何限制自己。让父母感到困难的是，孩子做事时，需要说明规矩后，孩子却拼命抗拒这些规矩，于是，很多父母大发雷霆，对孩子吼叫，要么逃避，甚至最后彻底放弃教育孩子。父母所缺的是什么？答案是威严。

不同的家庭具有不同的教育方式，有的家庭是严厉的，有的家庭是宽容的，有的家庭是专制的……近来，很多教育专家逐渐倾向于权威式教育。他们认为，在权威型家庭成长起来的孩子们，不仅与家庭成员的关系良好，而且，在以后的生活中也比其他家庭成长起来的孩子们生活更幸福，他们比宽容型和专制型父母有更强的社交才能，做事更加自信，更有自制，更有安全感。

父母如果没有威严，只靠家庭成员的自觉，到最后的结果是"无政府"式的混乱状态。当然，父母威严不可是毫无原则的没有秩序和绝对的独裁，否则，孩子就会无从适应这种威严。最后，父母自身也被折腾得筋疲力尽。

一旦父母没有将焦点放在自己的行为上，而是放在孩子的行为上时，规矩往往会被打破。

权威型父母往往对行为具有清晰的标准和限制。他们有自己的分寸，他们建立制度在于支持和鼓励孩子，而不是去控制他们。在权威型家庭中的孩子们，既享有自由，又有一定的限制。这些孩子有选择的权利，但是有限制和秩序的。他们在做选择时，因为有了限制，感觉妥帖放心。

而且，权威型父母往往会提出合理的要求，这些要求既严格、稳定、可行，同时又是仁慈的。所以，权威型父母有时慈爱、有时严厉、有时温和……

一次，小勇不小心把家里的玻璃打碎了，他权威型父母在确保孩子没有受到身体伤害和情感冲击之后，分析孩子的错误，决定和孩子谈一谈。

通过谈话，他们最后决定，孩子要在本周做出一定的额外劳动，自己挣钱来赔偿新玻璃。孩子经过一周的辛苦劳动后，终于意识到自己错误的代价，以后，他再也不敢在屋里玩球了。

权威型父母机智地让孩子付出一番劳动后，孩子心甘情愿，并意识到了以后不能打破玻璃。总之，权威型父母不论做出什么决定，绝不能用惩罚性，而是要用合情合理的行动引导孩子。否则，在孩子已犯下错误的前提下，气急败坏或贬低孩子已无济于事，孩子已经在为自己的行为难受了，再雪上加霜，只能助长孩子的消极性格。

这种教育方式的基础建立在父母和孩子双方之间的紧密关系上。权威父母善于倾听子女，抓住孩子的问题所在，然后与孩子分享道理，诱导灌输。他们往往鼓励子女要大胆说出自己的感受，同时，又站在孩子的角度作决定。通常，他们采用开放式的交流来教育孩子，而不是说教、命令和惩罚等措施。

在这种教育方式下，父母通常培养起与孩子之间温馨和尊重的亲情关系，同时，不失信任和合作和支持。孩子在这种良好教育方式下，怎能不茁壮成长呢？

1. 别让孩子太放任自流。一个孩子如果家教失控，他就会恣意妄为，就像脱缰的野马，做出一些匪夷所思的事情来，甚至走上违法的道路。

2. 父母勿滥用权力。父母保持一定的威严，有利于教育孩子，但如果过于滥用权力，孩子则有可能处处感觉压抑，形成消极性格。

孩子为什么要服从父母？

为什么要让孩子服从父母？让孩子服从父母是为了执行正确的教育理念，从而茁壮成长。服从绝不是强行推行父母的主张，更不是压抑孩子自我表达的意志、渴望和情绪，恰恰相反，我们要做的就是让孩子正确表达自己。下面是一对父子吵闹后得体的对话：

爸爸：别在外面了，你不打算进屋吗？我可以给你几分钟好好地想一想。

儿子：哼，你不要强制我，更不要命令我。

爸爸：你说的对，我不能强制你，只有你才可以命令你。既然这样，我给你一个选择，五分钟之内进来，或者三天之内不许看球赛，你可以任选其一，这是你自己的选择。

面对叛逆的孩子，父母不要强制和命令他们，最好的方式让他们自由选择，孰轻孰重，孩子心里自然清楚。上面就是一个很好的例子。

父母要孩子服从是为他着想，这是天经地义的。但从孩子的立场来看，孩子服从是因为父母说了算，是制约孩子的权利？或是让他必须服从父母的权威？或者是生活的规则告诉父母孩子必须这样做？孩子想到这些肯定会反对的，尽管有时他不会表达。

父母教育孩子不论有多么正当的理由，如果逼着孩子要他的动机和父母保持一致，那么，这必然是一场必输无疑的战争。孩子如果不是自觉的做事，不是出于本心做事，他就会感到很痛苦。这与"摁牛头喝水"和"赶鸭子上架"，有什么区别呢？

孩子有自己的主张和自由。父母要想让孩子接受正确的主张和教育方式，就要改变我们的思维模式，改变那种硬碰硬、针尖对麦芒的方式。

在古代，武人打擂，在开始之时，就要相互抱拳，比武双方进行施礼。在双方生命攸关的重要时刻，这是一种虚伪的仪式吗？不是！抱拳施礼的礼节表达的是对对方的感谢和敬重之意。双方都是在谢谢对手给自己尝试和进步的机会。

贴心一刻

请给你的孩子抱拳施礼吧，那不是示弱，也不是迁就，那是出于尊重和感谢。感谢孩子尊重和配合。为了让孩子自觉、出自自愿地服从父母，可以从以下方面进行反思：

1. 你还记得你小时候吗？你考验你的父母时，他们是如何对待你的？他们有什么粗鲁的反映？或做得更好？

2. 在生活中，你对孩子说过这样的话吗？"你必须去做，没有选择的余地"、"你好好写，要不然我去告诉你的老师"、"快点走，要不然，我就不管你了"。

别和孩子做朋友

琪琪从学校回来后，往沙发上一躺，看起了自己喜爱的电视节

目。过了一刻钟，门铃响了起来。"琪琪，快去开门，你爸爸回来了。"妈妈在厨房里喊了一声，但沙发里的琪琪像没有听到一样，毫无反应。一看没有反应，他妈嘴里嘟囔着：这孩子。然后自己去开门。

现在，一些受西方教育的家长，过多地强调自由、独立尊重，会造成孩子没大没小，做事无所适从。

父母都希望万事万物和谐共荣，更希望人类之间朋友式的相处。但对于孩子来说，朋友式的关系是不恰当的。因为孩子心智等方面都不成熟，控制力差，他们其实不具备与父母朋友式相处的条件。

父母和孩子在一起的时候，喜欢和他们一块玩时的快乐，喜欢和他们交流的美好时刻，喜欢他们稚嫩而可爱的模样。这时，和孩子是亲密无间的好朋友。这是父母舐犊情深的表现，但这常常让父母违背原则，导致孩子乱使性子。父母只好向孩子妥协。

当父母和孩子之间出现"亲密无间"时，这时父母一定要有所警惕了，把握爱的原则，这也是孩子常常越界的时刻，父母往往在这时忘了教育。这在很多家庭亲子关系中已经得到了证明。他们遵循一些家教指导书中要求和孩子做朋友的章节时，效果却收效甚微。

采取朋友式的家庭教育的家庭中，父母往往没有从双亲身上获得，也没有从自己的朋友那里获得有关朋友关系中得到的东西，从而产生的补偿心理。和孩子的这种深情厚谊往往令父母们着迷，使他们淡化或意识不到自己身为家庭教育者的角色。在父母的眼里，他们认为自己只是在爱孩子，做对孩子有好处的事情。因此，他们喜欢和孩子在一起，他们醉心于和孩子交心与感动的时刻。随着孩子的年龄越来越大，这种朋友式的关系却像昙花一现一般，稍纵即逝了。

这种教育方式的危害在于，父母借孩子添补自己空虚的感情空白，父母在教育孩子时，其订立目标的决心就会削弱，他们和孩子是朋友的关系，而不会让孩子感觉威严的父母地位了。事实上，孩子一旦发现父母用自己填补感情上的空白时，就不再相信父母的立场是否坚定，也不再寻求父母的帮助。

贴心一刻

1. 孩子不是你的朋友。朋友往往意味着平等、友爱，而孩子是不成熟的，对事物缺乏正确的认识。孩子如果和父母是朋友，就会认为父母没有威严，就会在生活中一味按自己的感觉行事，而不管对或错。父母和孩子之间是有距离的，这种距离有助于教育孩子，纠正孩子的缺陷。

2. 不是朋友，但可以友好。父母不是孩子的朋友，但不是不可以友好。友好是父母对孩子的爱的体现，它是有度的，否则，就成了溺爱。

说声"对不起"，还是直接表达真实的情感

在生活中，父母如果发现孩子由于某件事情哭了，如何对待他呢？很多中国父母就会照顾孩子的情绪，说一些让孩子感受安慰的话。其实，这么做并不妥当，父母需要让孩子明白的是，孩子的感受和想象都是正常和可以理解的。这样说的目的是让孩子发现哭泣等悲伤的情绪并不是他的标签。这样，孩子很快从引发痛苦的情景中回过身来。

所以，父母在生活中没有必要保护孩子避免不可逃脱的伤害，重要的是与孩子进行思想交流。

一次，小狗不小心被飞驰而过的汽车压死了，这可是三岁的儿子帅帅的宝贝疙瘩。帅帅的妈妈开始不想让帅帅知道这个不幸的消息，否则，帅帅一定非常伤心难过。于是，她想等弄到一只新的小狗时再告诉他。

但帅帅的妈妈想了许久，还是把这个不幸的消息告诉了儿子。

然后，她一言不发，静静地看帅帅的反映，令人感到惊奇的是，帅帅并不想再要一只狗了。

　　父母平时不要担心孩子会如何如何，重要的是每天抽点时间，谈谈新发生的事，与孩子一同分享感受。而且，让孩子明白，哭泣等不良感受是面对非常痛苦的情况下作出的正常而健康的处理方式。孩子在游戏或用身体语言表达痛苦时，一定要接受孩子的这种情绪，而且，你不要对孩子的这种情绪加以夸张或渲染，这样，孩子很快会停止表达痛苦的情绪，从而把注意力转到其他事情上。

　　当父母遭受某种不幸的后果之后，当事人就会说声"对不起"，但父母不会从这句话最简单的话中得到充分的安慰。对于孩子来说，也是如此。无法从简单的"对不起"中获得满足。比如：

　　有一家人在海滩游玩的时候，孩子不停地拿铲子玩沙子，直到太阳西下，需要离开的时候，孩子却迟迟不肯离开，怎么办？父母往往把孩子强行从海滩上拉回。

　　在路上，父母仅仅以"对不起"来搪塞孩子，孩子似乎不会领情。这时父母应该听听孩子的诉说，让孩子讲一讲把他带离沙滩的感受，问问他，下次如果再发生这样的事情，父母如何应该怎么做才好。

　　很多情况下，父母盲目给孩子道歉，虽然他们没有做错什么，但这种不真实的信息会令孩子疑惑。所以，父母不如诚恳地说出事情的真相，让孩子明白其中的原因。当然，你也不要告诉孩子什么该做，什么不该做，因为你代表强制和束缚。父母应用关切的语言直述胸臆"我不想让那么做，是因为……"这样说出原因时，孩子往往更容易听从，或许再提一个更清晰的要求："我可以再……"。

　　因此，父母用自己的语言和行动比直接用"对不起"道歉有效得多。你给孩子直接道歉时，就是自我作主地替孩子承担的责任。但父母应当保障孩子的情感表达的权利，让他成为感受的唯一表达者。否则，孩子就会习惯于把自己当成生活中的受害者，常常把自己的不良情绪迁怒于其他人。

　　孩子只是孩子，他们对自己的行为没有控制能力，但他是自己一切感受和行为的源头。父母应把孩子视作自己感受的主宰者，使孩子渐渐培养出自己良好的性情，找到多种选择，学会控制自己的反映。

一个叫灿的孩子，非常喜欢摆积木。一次，他摆了一个复杂的漂亮房子，向妈妈炫耀，妈妈借此夸奖了他。整整一天，小家伙都为自己的杰作欢呼。

由于小家伙把积木摆在一个房间的门口，爸爸下班后，推开门，急匆匆地走过时，灿的漂亮房子一下子倒塌了。

灿看到自己漂亮的房子被爸爸推掉之后，表情非常沮丧，但却没有当时发作。

妈妈理解地问灿："是不是你爸爸应该向你道歉呢？"

灿出人意料的回答："不，我可以重摆一下积木，'造'出更漂亮的房子。"

妈妈追问说："但是，你难道不生气吗？"

"刚开始的时候有一些，但我最后发现，生气没有用，不能改变任何事情，或许这不是一件坏事。"

第二天一大早，爸爸说："灿，我错了，不该碰倒你的房子。以后，我开门进家一定注意。"

孩子听了，很高兴，当然，他很满意父亲的回答。

父母的言行如果造成孩子的强烈情绪时，要想消除伤害承认错误时，父母应简直而直接对他说："我刚才的做法，的确不应该，以后再也不会做了。"在这个过程中，言语要中肯，不要有感情夸张的话，以便让孩子体会自己真实的感受。同时，自己要倾听并肯定他的情感表达。

有时，你可能觉得自己十分正确，没有过错，无须道歉什么，但是孩子的不悦，这说明你们之间需要互相沟通一下。比如，你并不后悔把他从海滩拉回来，但孩子就此受了惊吓，如果承认自己的动作太粗鲁，然后倾听孩子讲述的危险和趣味性，你们便可以重建彼此的亲密和信任。

世间没有绝对的对和错。你的孩子如果受了伤害和惊吓，他的感受就是真实的经历。你所要做的就是要彼此进行沟通，澄清事实，重建信任。

1. 父母永远要记住：只做自己的主人，培养温和的心态，珍爱孩子，而不论孩子有什么不良的举动。

2. 你如果发现孩子情绪低落，不敢与你沟通时，你应主动提出问题的原因，并加以解决，给孩子放下包袱。

有了平等和公正，就不要"规矩"吗

在你的家庭中，会发生下面的情况吗？

1. 孩子在喝茶、取用果汁、拿水果的时候，是否问你要呢？

2. 孩子在家会随意进入你的卧室吗？

3. 没有经过同意，孩子会拿你的东西吗？

4. 你看电视的时候，孩子会和你抢摇控器吗？

5. 孩子在家中接到你的电话，会把留言或号码记下来吗？

6. 孩子在家说话是否大声？在公共场合也是这样吗？

一连串的问题下来，你觉得焦虑吗？很多父母都有类似的体验，他们大多聪明、友善和细心，但却养育了不尊重自己的孩子。为什么呢？因为父母并没有要求孩子尊重自己。这些父母没有要求孩子尊重自己的意识，或认为自己能够控制局面。

在家庭关系中，父母都渴望对孩子平等和公正一些。但孩子往往变得恃无忌惮起来，他们开始不尊重父母。父母为此经常抱怨孩子，他们怪孩子和他们顶嘴，嘴硬不认错，不肯做较重的家庭劳动，没有得到允许，就随便取用父母的东西……

一对朋友夫妇在养育女儿时，遭遇了麻烦。下面就是这个孩子的表现：这对夫妇问孩子问题时，孩子往往漫不经心，应付了事，或者当作自己没听见。孩子的劣迹还表现在：孩子未经妈妈允许就随意用她的化妆品；时常打断爸爸和妈妈之间的谈话；爷爷奶奶到来时，孩子视而不见，也不打招呼。

父母对这个女儿的表现很忧心，并为她感到难过。他们纳闷了：孩子为什么不亲近他们？

他们咨询一家教育机构，专家问他：

"你在平时告诉过孩子，要尊重父母吗？"

这对夫妇说："我们希望家庭充满平等和公正，不喜欢那种强加在孩子头上的权威。"

专家说："问题找到了，平等和公正等民主方式不适于孩子们。那只会让孩子感到不安，活泼开朗的孩子善于狡辩，经常嘲弄父母，孩子的心理尚未足够成熟到赢得这些争论。"

面对这些粗鲁、自私自利、不会体贴人的孩子时，父母心里愈发难受，很是担心。尊敬父母应是孩子的基本的行为要求，很多古书、古训都有这方面的要求。而现实生活中，没有礼貌的孩子屡见不鲜，这其实源于教育的不到位所致。所以，那些性情敦厚的父母应改变溺爱孩子的教育方式，使自己成为受孩子尊重的父母。但很多父母说出了他们的困惑：他们如果充当权威者令孩子们觉得蛮横而苛刻，引起孩子们的反感。所以，很多父母宁愿把自己看成是孩子的朋友。在前面提到过，父母把自己当成孩子的朋友，并不合适。因为孩子都有自己的小伙伴和朋友，并不需要家里的两个大朋友，他们需要的是父母。

只有父母，才能更好地引导他们，让他们安全而茁壮地成长。关键在于，孩子只有尊重父母时，孩子才会轻松地接受指导，听从父母的劝告。

贴心一刻

要想使孩子尊重你，你就要学会在孩子面前树立必要的权威。下面的规矩非常适合孩子们：

1. 不管做什么，让孩子要和颜悦色地和父母谈话；

2. 不在别人面前，顶撞父母；

3. 尊重父母的隐私，不闯入父母的私人空间；

4. 体谅父母。

不要谎言

很多父母在生活中，为了哄孩子不哭或高兴，经常对孩子说话不算数。表面看起来，父母们聪明得很，蒙混过关。但孩子经历过很多事情之后，就会发现父母的小把戏。以后再遇到类似的问题，孩子们便应对有术了。令父母郁闷的是，孩子从此也学会了谎言和伪装，他们很少再把自己的行动透露给父母，父母往往不知道孩子究竟想什么，孩子甚至不把父母放在眼里。

在生活中很重要的一件事，那就是：让孩子得相信你说的话，否则，后果是十分严重的。试想一下，你的话如果让他觉得全是"欺骗"，他不论做什么事情都不会相信你，你们的关系将是多么糟糕。与此相反的是，孩子如果不论什么事情都信任你，你们的关系将是多么紧密。

这要求你在生活中说什么都是认真的，而且言出必行，说到做到。都知道曾子杀猪的故事，难道曾子不心疼一头猪吗？实际上，曾子杀的不是猪，而是执行对孩子的诚信。但很多父母对此却做得不好：

梅是一位母亲，性格活泼开朗，喜欢开玩笑，在当地她被称为"稀汤子"（不严肃式的人），她所做的每一件事情都令人感到好玩。平时，孩子如果不听她的话，她不是先进行沟通，而是对孩子进行威胁。但她这个不严肃的习惯，家人都知道，很难把她的话当真。

某天，她六岁的女儿到处乱涂乱画。母亲这样制止她："你如果再不停止你那令人惨不忍睹、不合时宜的'垃圾'，我就会用茄子撑死你（她女儿讨厌吃茄子）。"

她的话立即招来其他串门来的主妇的一阵大笑。笑过之后，会发现，孩子在生活中无法区分她的玩笑和认真的话。显而易见，这个制止毫无成效。

母亲采用这种方式的实质是用不严肃的方式去执行严肃的问题，对孩子来说，母亲的话没有任何分量，只是可笑的。可以相见，母亲如果想要表达一种真实的意思时，她要付出多么大的努力。而在她孩子看来，没有一件是真的。她时不时想着放弃就算了，执行教育的结果是无效的。不光是孩子，当周围的人都不知道你"葫芦里卖的什么药"时，就会把通往心灵的门彻底堵死。

贴心一刻

1. 父母在生活中，信守承诺非常重要，而且，有诺到时必须兑现。否则，你在教育孩子时，孩子会不知自己如何是好，甚至心里气愤难平，认为你从不遵守任何讲好的条件。

2. 不论是孩子，还是我们成人，都希望每个人能站稳自己的立场，否则，谁会对这个世界产生信任呢？

别让孩子太任性

任性对于任何人来说都是一种不良品行。孩子一旦养成了任性的品行，它就会严重影响到孩子的健康成长。因为在孩子成长的过程中，任性会使孩子乱发脾气，有的会发展到无理取闹的地步，父母感到闹心不说，它还会使孩子的情绪常处于波动之中；孩子的任性，还会使孩子很自负，也不懂得尊

重别人，这使得孩子不仅仅是在小时候缺少伙伴，长大了以后，也会令周围的人讨厌。

任性应该说是后天不良教育的结果。任性形成的原因，是由于孩子在接受教育的过程中，有些家庭把孩子放在不适当的地位，待遇过优，宠爱过头，娇生惯养，一味迁就，久而久之，孩子"以我为中心"的心态日益膨胀，这样孩子就养成了任性的习惯。

在一次对青少年的抽样调查中表明，有近五成的孩子表现出"任性"的心理问题。有人在对上海市某区部分的初一、初二的学生调查中，发现近 26％的学生承认自己会为一点小事而发脾气，有大于 10％的学生认为自己的愿望父母一定要满足。这种现象不单是在上海这样的大都市有，就是在农村也存同样的问题，特别是农村留守儿童，跟着爷爷奶奶生活，由于他们教育理念的落后和老年人精力的不足，孩子或多或少地都有一些任性的表现。

任性在孩子中间是很普遍的，父母不能忽视任性所带来的恶果。发生在乐坛乃至娱乐圈的一个炙手可热的事件，就是对任性孩子的一个警示。

1994 年，十六岁的兰州姑娘杨某，突然在梦中看到一幅某明星照片，两边写"你这样走近我，你与我真情相遇"。谁知道就是这样一个谁也无法判断其真实性的梦，一下改变了这个花季少女的命运，杨某一心认为自己与某明星有缘，就放弃了原本成绩还不错的初中学业，在家"专职"迷恋某明星，不上学、不工作、不交朋友，但凡某明星的照片、海报、录音带从不放过收藏。由于女儿迷恋某明星已经完全失去了理智，这让杨某的父母非常担忧。有时在与女儿的沟通中也会发生争吵，但父母最终由于怕发生意外，还是尽量满足女儿的无理要求。

1998 年，杨某得知某明星在甘肃拍摄电影后，每天从早至晚都站在自家的十层楼顶，一站就是一整天。杨某说，"我分析某明星的车队肯定会从我们家楼下经过，我给他写了那么多信，他应该知道我家的，我想他会过来看看我"。但最终事与愿违。屡次受挫的杨某一时冲动想要自杀，但被母亲死死抱住，才保住性命。

2006 年，某明星得知此事后十分震惊，并通过经纪人转告杨某，批评了她这种不正确、不正常、不健康、不孝的追星行为。杨某听后流泪忏悔，表示将以后将理性对待并尽孝道。可不久，杨某再度要见某明星，并以跳楼自杀威胁父母。父母只得苦苦相求，并找来了一位兰州当地电视台记者一同劝说，经过了长时间的开导后，杨某终于打消了轻生的念头。后来，这位记者又快递给她几张某明星的亲笔签名照片以及某明星演唱会的光盘，以此安抚。

一年后，杨某的父亲被迫与妻女于尖沙咀一间通宵营业的快餐店内栖身，在这时，杨父乘妻女入睡后，留下两页的遗书，继而前往附近的海旁跳海自杀，虽被人救上岸，但在送医院后还是不治而亡。

可以说，杨某的追星路，最初是由于自己的任性，但这种任性并没有得到及时的纠正，到后来就发展成了固执的性格。虽然父母在教育孩子的时候要孩子有主见，但这种不分对错的"自主"就是一种任性，任性就会产生固执。这样，孩子就会按照自己的想法在错误中很少"半途而废"，他们不知变通，死钻牛角尖，一条路走到黑，最终是去品尝由于自己任性而酿出的苦酒。

贴心一刻

1. 不让孩子把任性当作要挟父母的机会。父母平时对孩子的不合理要求不要太软。孩子提出无理要求时，很多父母经不住孩子的哭闹或哀求，常常违心地答应孩子一些事情。孩子在以后的事情中，就会敏锐地抓住这个时机来要挟父母。父母应开始态度坚决一些，不迁就孩子。

2. 父母以合理的方式满足孩子的需求。不要等孩子任性发脾气时再答应孩子的需求，否则，父母就会很被动，而拿孩子没有任何办法。

什么情况下对孩子说不

如果孩子的欲望是有利于进步和成长的，父母就不加以约束了吗？不是这样的。

看看下面的精力充沛、异常活泼的孩子吧，他叫小强，今年五岁，嘴甜又乖。我作为他的父亲，担负着两项责任：一方面我要尊重他的需要，另一方面，我还要帮他学会克制他那疯狂生长的念头。

孩子的房间已经有无数的玩具，可他还想要几辆类似托马斯的小火车。我坚定地对孩子表示了否定。但也没有因为他要这些东西而去指责他，这是孩子的权利嘛！

父母不要泯灭孩子对其他事物的欲求，重要的是要帮孩子把自己的欲求纠正，平静地接受父母的拒绝意见。

孩子比较容易随心所欲，不受控制，面对父母的干预，他们常常表达出"不公平"的抱怨。有些父母听了可能感觉刺痛了自己，开始反思自己：我是不是对孩子太严厉了？我的方法和理由是否正当？其实，这正中了孩子的下怀。

非常重视家教的犹太人认为，你在生活中否决孩子不断滋生的欲望，但却在更宽的层面上教孩子学会了自控和克制自己，并增强他感恩的能力。父母要做的就是促成他的改变，转变幼稚的思维逻辑。

例子中的孩子继续辩解道："我为什么不能再拥有几辆漂亮的小火车呢？上个月给我买了玩具，这个月一个都没有买啊！"

有些父母可能使用自己非常惯用的方法，比如："你的玩具已经够多的啦！你想想那些吃不饱、穿不暖的孩子吧，你是最幸福的。"这种方式对孩子来说，显然太过时，又不奏效。也有现代父母可能这样说："难道你觉得自己的玩具不够多吗？"而孩子的反映往往是白眼和辩驳："不多呀，我的玩具还没有卡通式的小火车，再要几个也不算多。"

……

一位名人曾经说过：逻辑就像一把利刃，爱用的人最后也会因它而亡。那些通情达理的父母们非常重视恰当的说辞和合乎逻辑的雄辩来对孩子进行教育。他们对一件事的原因耐心而反复地进行讲解，来让孩子放弃自己过度的欲望。

但事情的结果往往令苦口婆心的父母束手无策，因为他们的说教常常失败。这缘于孩子那心中渴望的激情和心中无所不能的自信会盖过父母的逻辑思维能力。道理其实很简单，孩子不是不懂，而是根本听不进去。因为他们完全被自己的欲望所占据。

因此，父母费尽心思地劝说，让欲望占满脑袋的孩子放弃比登天还难，这也是浪费时间。所以，很多时候，父母给孩子讲道理是讲不通的。而且，父母过多的话语让孩子得到更多的关注，容易使他们得寸进尺。

贴心一刻

1. 父母的爱都是仁慈，仁慈总要有个度，否则，让爱泛滥成灾，结果只会适得其反。

2. 我们做父母要学会对孩子说"不"。针对孩子那些过度的欲望和荒唐的举动，父母应坚决、平静地拒绝。长此以往，孩子还会从心底里感谢你呢！

第九章 找到教育孩子的方法

——别伤害了孩子

在养育孩子的过程中最大的问题并不是放纵，而是对于放纵的畏惧。我们如此担心宠坏孩子以至于以对孩子过度控制而告终。

——阿尔夫·科恩

在生活中，我们不是孩子，没有孩子气，不必和孩子争得面红耳赤，应找到教育孩子的方法，运用智慧教育孩子。

不让孩子生活在分数的虚幻中

其实，对于孩子来说，课堂是一个学习知识的地方。但当一群孩子聚在一起学习的时候，就面临了竞争，随之而来的是成人的评判。考得好，孩子迎来胜利的荣誉，反之，就是失败的耻辱，令他们抬不起头来。一些孩子为此得到表扬和鼓励，会越来越好；另一些孩子则在学习过程中受挫，于是越来越差。

蕊蕊上小学和初中时，成绩优异，成了父母和老师的荣耀，但自从上了高中之后，她的成绩逐步下降。

成绩平平的蕊蕊不再是老师和同学们眼中的香饽饽，而且备受冷落。

这让她心里感觉很不平衡，于是上网寻找寄托。高考前，蕊蕊曾经制订了一个一流大学目标，结果没有被名校录取，只上了一所普通的高校。这个成绩曾经优秀的孩子会突然发现自己什么都不会了。

经过无数次的研究证明，以分数论英雄并不科学。分数只是教育部门衡量孩子的一个方法而已，对于上小学的孩子来说，这种方法并不科学。

在国外，孩子的成绩只分为A、B、C、D、E五种，老师和父母从不像国内那样"望高分而兴奋"。他们为什么不那样做？那些成绩低的孩子往往预示着"低能"和"差劲"，他们面对老师们时，就会呈现一定的挫折感。在父母那里，如果听说孩子考砸之后，便斥责孩子，这又让孩子更加难过。

父母和老师通常认为好成绩可以激励那些好学习的人，以对成绩差的孩子予以警示。这个观点其实有些站不住脚，我们都知道，人的道德和品质可以用荣誉来激励，但求知和学习再这样就不妥了。因为，对一个受过刺激而学习的孩子来说，很容易失去求知和学习本身的乐趣。一个成绩优秀的孩子可能失去其他方面更多的权利。对那些成绩差的孩子来说，他们只能增加心

灵的负担，甚至从此一蹶不振。

在我们的身边有太多的例子值得借鉴：很多孩子在小学阶段成绩优异，常常受到老师和父母的赞赏和表扬，但在更高一级的学校或社会上，他们并没有取得令人瞩目的成就，反而因此带来很大的压力和折磨。而那些成绩平平的孩子却后来居上，在高年级或社会上建功立业而倍受尊敬。

因此，小学阶段的考试分数并不代表孩子永远根正苗红，不要太看重。父母应该多关注孩子的思维和学习方法，不断激发孩子对事物的好奇心，而不要用分数去衡量孩子的优劣。面对分数，告诉孩子，不要以此为荣，也不要以此为忧。它不过像一个游戏的测验，获高分，只需遵守游戏规则就可以了。在英国的低年级的孩子的考试中，就取消了打分数和排名次，以尊重孩子成长的规律。

贴心一刻

1. 分数不能决定孩子的前途。父母或老师如果通过打分数就能判断出孩子的前程、优劣，不是迷信和占卜吗，父母不是先知了吗？

2. 学习不是判断孩子前途的唯一标准，不要为了一时的成绩而抹杀了孩子其他方面的潜质，思维和自信等情商潜质也是孩子以后成功的关键因素，父母要注意培养孩子的这些潜质。

不做"独裁者"

徐力出生在一个普通的工人家庭，由于父亲长期在外工作，他从小是在母亲的身边长大的。徐力进入高中后，母亲要求他每次期中、期末考试都要排在班级前10名。

有一次，徐力期中考试排了第18名，回家后，被母亲狠狠揍了一顿。徐力喜欢踢足球，但母亲说："以后你再去踢足球，我就把你的腿打断。"重压之下，徐力很委屈和压抑。

一天中午，徐力放学回家吃饭，想看会儿电视。母亲提醒他考试要考前10名，徐力反驳，于是母子再次发生冲突。绝望中，徐力拿起一把榔头砸死了母亲。

徐力杀母案震惊了社会。一个品学兼优、乐于助人的好学生怎么会干出如此行为？母亲过于独裁，孩子没有自由，备受压抑，当压抑爆发的时候，常常是不幸之兆。

孩子恨自己的父母，在很多人看来，这是无稽之谈。但做父母的面对过叛逆孩子的时候，他们都会有"孩子恨自己"的感受。不同的叛逆孩子，他对父母"恨"的轻重有所不同，从小小的埋怨到最后敌视自己的父母，这对于父母的爱子之心来说，无疑都是最痛心的伤害。这种伤害可能会延续到孩子成人以后对父母的态度，在父母年老以后，孩子对父母的态度不好甚至是不孝，其根源就是在于孩子逆反期时父母教育的缺失。

父母生养了孩子，在孩子成长的过程中有时是含辛茹苦地把孩子拉扯大，当孩子要成人时却产生恨父母的心态，这样的孩子看起来大逆不道。可很多人在批判孩子的同时，似乎忘记了中国的一句古话："子不教，父之过"。在这里，父母的过错，很大程度上是教育上的不当，他们在家中对孩子来说是一个"独裁者"，孩子没有任何自主的空间。孩子在这些父母的手下接受着傀儡式的家庭教育，这样，孩子在生活中的不快，就会很自然地转化为对父母的怨恨。

在青少年中会不断地出现一些忤逆子，当父母回头看这些孩子成长的历程之后，就不难找出自己教育失败的根源。

在现实中有"成功型"和"失败型"的家长，当然，这种所谓的成功与失败有可能是家长的自以为是。他们都有一个共同的特点，就是做事都很有主见的，更有很强的能力和丰富的社会经验——有的甚至会因为这些而有些自负——他们在教育自己孩子的时候就会成为一个"独裁者"。

"成功型"的家长由于自己是成功的，总想把自己成功的经验灌输给孩子，同时，他也希望孩子能快速接受自己的那些成功的经验。这时，他就给自己的孩子设计出一套"最佳的生活和学习方案"。把孩子当成是"一辆

火车"，他们把这辆"火车"固定在"最佳的生活和学习方案"这条轨道上。他们以为，这辆"火车"只有在正确的轨道上才会最快最顺利地到达目的地。

"失败型"的家长由于自己是失败的，他就会把自己人生所有的希望寄托在孩子身上，把孩子看成是自己生命和事业的延续，他们希望孩子能帮自己实现自己人生的理想。同样的，他们在教育孩子的时候，也会把孩子当成是"火车"，把孩子放在自己设计的轨道上。"失败型"的家长与"成功型"的家长有所不同，"失败型"的家长会从自己的失败中总结一些教训，努力地使孩子不要犯和自己一样的错误，他们在教育孩子的时候，会不停地挑出孩子的一些错误；"成功型"的家长在教育孩子的时候，会把重点放在叫孩子"这样去做"、"你必须这样做"上。

家长的这些做法，使孩子的身体得不到自由的行动，思想得不到实践的检验，孩子的兴趣得不到满足……孩子会感觉这个世界没有一样是属于自己的东西，父母用独裁的方式掌控着自己的一切，父母对待他们的方式，犹如将他放置于一个能禁锢人身心的牢笼里，使自己压抑万分——你的教育使孩子有这样的感受，哪会还有什么效果可言，使孩子在叛逆中产生对父母的怨恨，倒是很自然的了。

贴心一刻

1. 您把做事的步骤和方法给孩子设计好，孩子动手去做就行了，孩子不用花费太多的脑力，有时只要有体力就行。让孩子在自己的"英明决策"下能获得很好的教育，而不允许孩子有任何违背自己意图的举止。

2. 孩子做事之前必须要和您商量，孩子一切自主的行动都是不被您允许的，小到孩子吃什么样的糖果，大到孩子自己人生的走向，一切都是由您来决定的。

别把孩子推向自己的对立面

现在的一些孩子，父母似乎很难管理，他们就像一句俗语说的那样："要他向东，他偏向西；叫他打狗，他偏撵鸡"，于是，"现在的孩子不听话"就成了父母对孩子最为统一的一句评价。很多父母在说出这样一句话的背后，往往隐藏着很多对孩子的失望与无奈。但是家长的这种失望或无奈，并不能全归结为是孩子的错，其中责任有的需要家长自己来负。

倩倩是一名初三的学生，学习成绩好，对人有礼貌，一直担任学生干部，是大家公认的好学生，考重点高中是很有希望的。但是，倩倩在一次摸底考试中，成绩不理想。于是，妈妈埋怨她，说她不用功。倩倩感觉很委屈，一直闷闷不乐。终于有一天，倩倩给父母留下一封信后，便离家出走了。

其实，倩倩的离家出走是父母不当行为的直接后果。如果她的母亲懂一些家教知识，就应该知道此时最好的方法就是帮助女儿放松心态，安慰她。这毕竟只是一次模拟考试，不是最后的大考，然后和她一起认真分析原因，而不是将她推向自己的对立面。

"现在的孩子不听话。"如果从一个很全面的角度来看，它的背面会隐含很多内容：

1. 孩子的想法要比父母的想法高明的多，甚至是家长的话根本就不对，孩子因此不顺从父母；

2. 孩子也有自己的正确想法，孩子想用自己的思路去做事；

3. 孩子正值逆反期，行为确实有些叛逆；

4. 本就是一个无可救药的坏孩子；

……

孩子的这些状况，父母都可以用"不听话"来概括，但在这些现象中，

并不全都是消极的现象，其中有些孩子的表现，甚至是值得父母去赞赏的。

不管孩子的对错，家长都只要求孩子听自己的。错了的，孩子听父母的，这无可厚非，但要是孩子自己是对的呢？他还要听父母的，这是令孩子最反感的事——在自己是对的情况下听父母的，要么父母也是对的，只是和孩子的意见不一致而已，要么父母根本就是错的。

父母错误的那一部分，是使孩子走向叛逆最直接的原因。也许有人会说，父母能意识到自己的对错。在这里，不敢否定天下所有父母的智商，但可以肯定每个父母总会有一些失误。父母的这些失误，被孩子抓住的话，他不仅会对父母以前所有的话提出质疑，有的会直接怀疑自己父母的能力。父母多有"现在的孩子不听话"的感叹，有一部分的原因是现在的信息是非常发达的，孩子很容易判断出父母的错误，还可以得到直接的验证，这就进一步加强了孩子对父母的否定态度。这时，父母在孩子的心目中就会威信全无，孩子就不会再听父母的话，和父母"对着干"的情绪就会产生，这时的孩子就基本上表现出叛逆的性格来了。

因此，家长的这种教育方式，导致孩子有这样的心理变化过程：正常的孩子——对家长的烦心——对家长话的反感——怀疑父母的话——否定父母的能力——叛逆——和父母"对着干"。我们不难看出，孩子是一步一步走向叛逆的，在这每一步中，似乎都是家长在推动着孩子走向叛逆的，是父母把孩子逼向自己的对立面。这对父母教育孩子来说是很可悲的，更可悲的是很少有父母注意到这个问题，父母往往是一心扑在孩子的教育上，到头来还是不如意，感到自己的教育对孩子没有什么效果——真的是孩子难管吗？

贴心一刻

1. 不要逼迫孩子。孩子的学习不如您意时，父母不要采取一些激进、令孩子反感的方法教育孩子。

2. 只认同自己的观点。孩子有了想法同父母商议时，您要给孩子留些情面，而不是动不动就义正辞严地否定孩子。

弄清孩子

宋楠楠是文理分科时从别的班分过来的，当我向他原来的班主任问过他的情况时，他的班主任什么也没有说，只是轻轻地摇了摇头，我从此便对他格外注意起来，想看看他到底坏到什么程度。

来班里的第一个星期，我发现他不但不学习，而且不遵守纪律，不但自习课说话，就是在任课老师上课时他也不闲着，不是说话，就是传纸条，严重影响其他同学学习。

我观察了几天后，有了确凿的证据，就把他叫到办公室。他的态度倒也恭敬，不跟我顶嘴。

他告诉我，他从小学一年级成绩就差。我觉得他是对自己的学习缺少信心，就鼓励他向自我挑战，人生的路程还很长，不要看扁了自己，只要努力，就有机会成功。

我说着说着，一节课的时间就在我嘴边溜过去了，也相信他一定也产生了共鸣。可是最后他说了一句：社会上总会有一些渣滓吧，我愿意是他们其中的一员！

在后来的交往中，我喜欢过几天和他聊一聊。他喜欢打羽毛球，有时上体育课他自己对着墙打。我也喜欢，就主动找他打一会儿。我发现他很害羞，一说话白净的脸上就有一片红晕。对人很客气，也很有礼貌。

他的行为渐渐变了，虽然还是不爱学习，有时上课听不懂，就看一会课外书，但不再违反纪律了。有时也做点读书笔记，看看课本，自己开始学习了。

在没有找到解决问题的方法之前，至少不要把事情弄得更糟，这应当成为问题孩子转化工作中的一条准则。当学生问题出现时，要心平气和地和学生沟通、交流，以弄清孩子，这种沟通和交流也会逐渐消除师生之间的隔阂，

使得学生初步建立起和教师之间的一种信任。

当孩子长到十三四岁的时候，渐渐地，有的孩子就会失去儿时的乖巧与可爱，他们与大人很少再有言语上的交流。他们和自己的同龄人常常是有说不完的话，可一遇见大人，要么不开口，要么开口就没有好言语来相对待。不难发现，孩子开口伤人最大的受害者是他的父母，孩子在说话的时候，往往会刺激父母对孩子的那颗慈善的心。说话不知轻重的孩子，他对父母的言语是冷漠的，父母不会得到一句来自子女的体贴和温暖的话——很多人不知道这是孩子叛逆的一种表现，很可能是在孩子心里有着某种对大人的不满，当孩子对自己的不满又无力去申诉的时候，他们就用最简单而又最直接的方式——用伤人的语言来宣泄不满和抵制给自己带来不满的东西。于是，在生活中的孩子就会出现这样的情况：

1. 当母亲在厨房里切菜手指受伤，向女儿发出包扎的求助时，正在看电视的女儿抛出一句："这关我什么事呀！"

2. 看见母亲生病躺在床上，刚放学回家的孩子进家的第一句话就是："你在那躺着，那我晚上吃什么呀？"

3. 当妈妈在面前唠叨时，孩子说一句："你闭嘴好不好？"

4. 儿子对他的父亲说："你再管我，我就对你不客气！"

……

对于一个孩子的好坏判断，一是从孩子行动上来判断，二就是从孩子的言语上来判断。当孩子在这样的情况下说出这种不近人情的话时，家长的第一判断就是孩子的德行太差，自己在这方面对孩子的教育失职了，需要加强。当家长在面对这样的孩子的时候，他们知道对孩子要"加强教育"，可他们不知道怎样去做。

其实，所谓的"加强教育"，有时候并不仅仅是加大对孩子说教的强度，而是要花精力找出孩子出现问题的原因，拿出更多的时间，选用更适当的教育方法等，这才是正确的"加强教育"。但很多家长并不是这样做的，当孩子语出伤人的时候，他们的"加强教育"，教育得也很"及时"，也有"很强的针对性"，当然，教育的过程也是"步骤清晰"。比如，儿子对他的父亲说："你再管我，我就对你不客气！"这时，有的父亲就会马上走到孩子的面前，实施他的教育步骤：

第一步：对孩子或打或骂；

第二步（脾气好的也可能是第一步）：直接责问孩子："我看你如何对我不客气！"（针对性很强）；

第三步：用思想教育孩子，批判是教育方式，语言为主要教育手段，批评的主题是："这孩子，太无法无天了。"

在家长看来，孩子的错误言语，自己没有等闲视之，而是及时地对孩子进行了"说服"教育。这种教育看起来还是很有道理的，但是过几天，孩子对父母又冒出一句："你闭嘴好不好"的话来。孩子语出伤人的毛病依然如故——这种加强的教育没有起到什么作用。

前面说过，孩子出口伤父母的心，是对父母某些方面不满的结果，这些不满自然就会给孩子的心里带来怨气，特别是对于一个外向型的孩子来说，不满憋在心里那可是如鱼更在喉，他们只有通过语言来刺激自己的父母，以此使自己得到均衡。但在现实中，又是父母使叛逆孩子心中失去这种"均衡"的：面对一件事，妈妈不停的唠叨，希望是能起到强调的作用，但在孩子心里却是母亲的啰嗦，这使孩子心境难宁，会感到母亲很烦人。

这就使孩子没有办法使自己的生活轻松起来，于是，不同的孩子会用不同的叛逆方式来进行"自我释放"，比如频繁地发脾气、与父母过度争吵、和大人对抗、故意使人痛苦、怨恨他人、报复他人等。孩子说话很伤人，只是孩子逆反行为中的一种表达方式。这是被自己不满情绪憋闷的结果。心里憋着不满谁都很难受，但父母对孩子的教育，往往不是从排解孩子心中的怨气入手，他们的教育是对孩子"头痛医头，脚痛医脚"，这样的教育是治标不治本的，教育就不会有效果。

贴心一刻

1. 反思自己。当孩子突然激烈或苦闷时，父母应反思自己的言行是否干预了孩子。

2. 查找原因。孩子情绪低落时，父母应学会留心观察孩子，弄清令他郁闷的原因，从而对症下药。

要站在孩子的立场上

孩子对父母产生怨恨的心理，有的孩子甚至对父母到了仇视的地步，其中的原因就是父母对孩子的"照顾"太周全。孩子觉得家长在家里对自己太霸道，在父母面前，自己什么都不懂，父母一直也把自己当成是三岁的小孩子。其实并不是这样，只是他们的想法由于年龄的差异和大人有所不同罢了。孩子有自己的想法，这是孩子在成长的过程中很自然的一个过程。家长用自己的思想来揣测孩子的心理，并以此作为教育孩子的依据，这很难使孩子对父母有多么大的好感，因为孩子很难从心理上靠近自己的父母，融洽的亲情关系就无从谈起。

一位年轻的母亲在一条繁华的街道蹲下身来为自己四岁的儿子系鞋带。母亲无意抬起头发现，眼前没有绚丽的彩灯，没有迷人的橱窗，也没有装饰华丽的广告牌……原来那些东西都太高了，一个四岁的孩子什么也看不见。落在他眼里的只有一双双粗大的脚和男男女女的裤脚，在他的眼前互相摩擦、碰撞、摆来摆去……这是这位母亲第一次从四岁儿子目光的高度眺望世界，她感到自己儿子的可怜。从此这位母亲发誓，今后再也不把自己的意志强加给自己儿子。

青春年少的孩子都不喜欢有太多的束缚，当孩子有了自己的主张，他们都希望按照自己的主张去行事。这时，孩子就无可避免地会和父母的意见发生冲突，这时的父母应该体会到孩子的这种需要，不要从自己的主观意愿来判断这种主张的合理性。父母学会倾听孩子的心声，学会设身处地去体会孩子的想法，并且尊重孩子，满足他们的合理要求。这样父母的教育才会有效，孩子才会高兴地听从于父母。

孩子犯了错，家长如果用责备的口气说："谁叫你这样去做的！"虽然孩子迫于父母的压力会产生机械的服从，但在孩子的心理上会产生对大人反抗的心理。所以，父母责备孩子之前，要先和孩子来一个换位思考，对孩子说："昨天太累了，才使你今天上学迟到。"或者说："是爸爸没有及时叫醒你，以致你迟到了而耽误学习。"这种换位思考后的言语，是包含着对孩子的理解，也有父母对孩子迟到的部分责任的分担。孩子听后，必然也会用心检讨自己的行为。如果家长说："你今天真懒，不然怎么会迟到呢？"这样，不管孩子迟到的原因是什么，在家长的眼里，就是一个字：懒！孩子自然不会服气，这样的不服气多了，孩子就会产生对父母的怨恨之情。

当孩子有了对父母的怨恨之情，家长首先要收起自己的那份"独裁"，也站在孩子的立场上来教育孩子。不要让孩子对你三分恨，你对孩子用七分狠，用这样的方式来纠正孩子对你的态度，永远也得不到好的结果。那么，面对恨你的孩子，要"站在孩子的立场上"，父母又该如何去做呢？

十六岁的杨青山进入高中后，变得越来越不听话了，他似乎喜欢和他的爸爸对着干。父亲因此加大了"教育"的力度，一发现青山有什么不对，就会给他一顿训斥。面对青山在足球场上的疯玩，他给孩子报了一个小提琴业余学习班，想以此来收住孩子的玩兴。

自从被父亲逼着上老师家去学拉小提琴后，青山和他酷爱的足球已经分别好几个月了。严厉的父亲坚决不允许他再踏入球场半步。每当他在老师家拉着枯燥的曲子的时候，对于足球运动的渴望使他痛苦难奈，他渐渐地对自己的父亲产生了怨恨之情，并且这种怨恨在他所拉的曲调声中渐渐地加深。杨青山在日记中写道："我恨自己的爸爸，希望有一天他在下班的路上能被车撞成一个植物人，这样，我的爸爸就不会再这样不讲道理了。"

父亲看出了其中的端倪，很快地就改变了自己对孩子的策略。一个周末，孩子的同学来约青山去踢球，父亲居然答应了孩子的要求，父亲唯一的条件是，要孩子带老爸一块去"练练脚"。周日的外出踢足球，虽然球踢的不是很精彩，但孩子却显得很高兴，父亲也很开心。回来后，父亲对孩子说："和你一起踢球，我锻炼了身体不说，也感觉自己年轻了很多，在球场上能感觉到自己又回到了少年时代。"父亲舒心地笑了笑，接着说："你在球场上和那么多孩子一起玩你喜欢的东西，那是你最开心的事，看来我叫你学拉小提

琴是错的了。这样吧，爸爸准许你今后踢球。"听完父亲的这番话，青山的眼里盈满了泪水，这是孩子的委屈得到理解后，压抑的心情得以释放的结果，孩子对父亲的怨恨也随着眼泪的流出而减少了大半。

在那以后，父亲改变了自己"专政"的态度，说话时特别注意少用"你应该"、"你必须"等强制性口气了，让孩子做事也试着用商量、征询的语气，父亲改变了居高临下的俯视式的教育。没过多久，青山与父亲的关系有了很大的改善。

所以，在教育孩子的时候，多角度地去为孩子着想。比如：和孩子一起玩耍，和孩子一起说笑，和孩子一道争论……在孩子的特点和大人的教育方式这两者之间找到一个最佳的结合点，只有站在孩子的立场上，父母才会把握好这个"最佳的结合点"。

贴心一刻

1. 平等对待孩子。对于一些事情，孩子有自己的想法和苦衷，父母日常处事应从孩子的角度，站在孩子的立场上做事，不要处处显示成人的优势。

2. 不要求孩子成为自己的样子。世界上每个人都有自己独特的生存方式，父母不要刻意让孩子成为什么样的人，或做出什么样的事情来。

向孩子询求疑问

很多时候，父母和孩子的沟通存在很大的问题，很多父母为此感到纳闷，认为孩子太"不知好歹"。这是为什么呢？毫无疑问，父母都非常关心、肯定和爱孩子，但孩子却总是很反感。问题是，父母有时在不经意间犯了错误，引起孩子的误会和疏远。

小杰是一年级二班的学生，一天放学后，他对妈妈说："我很讨厌学校的王老师。"

妈妈听了，没有批评孩子，而是亲切地看着孩子，专注地听着，并且面露疑惑，鼓励孩子接着说下去。

小杰说："老师说郭富城的歌不好听，不让我唱。"知道了原因，妈妈接着问题：

"你喜欢听郭富城的歌，听了老师的话，你肯定很生气吧？"

"是的，所以，我不喜欢她。"

"妈妈喜欢的老歌，你也喜欢吗？"

"一点都不喜欢，非常难听。"

"那么，老师为什么非得喜欢郭富城的歌呢？"

孩子看了看妈妈，低下了头，不再吭声了。

家长应该认真倾听、引导孩子认识到他自己的错误，让孩子学会换位思考。家长若是发现孩子对老师或别人有抵触情绪后，不要立刻批评孩子的不对，也不要强迫孩子去向别人道歉、认错，这样的结果会适得其反。

这实际上与沟通方式有关。父母把自己想法往往变成控制孩子思想倾向的工具，是我们把孩子拴得太紧了。重要的是，应把孩子当做一个"人"，一个具有思想和独立意识的人。而不是让孩子感觉自己是在受父母的控制。

父母犯哪些错误呢？只是陈述，而不是询问孩子的感受和意见，这样的话，孩子会认为自己受到了侵犯。比如，孩子在学校挨了老师批评，放学回到家沉默寡言时，你说："振作一点，老师的意见并不代表是正确的。"或许你说的很对，但孩子认为自己受到了侵犯，觉得你在居高临下地可怜他。父母应该创造一个互动的气氛，然后问孩子：我可以问一下关于你的事情吗？如果得到孩子肯定的回应后，再从自己观察的角度提出问题："我注意你一直沉默，是不是有什么事情令你不安？可以和我谈一谈吗？"

孩子不喜欢将自己的内心世界和感受作为父母的谈资，所以，父母还要营造让孩子放心的氛围。是否告诉你，由孩子自己决定。他如果知道你在关心、倾听并肯定他，而不是一味地批评或建议时，就会很乐意与你分享他的孤单和悲伤等情绪。

孩子对你放弃了戒心之后，一定会告诉你困扰他的原因。这时，你可以

流露出非常感兴趣的神情，让他知道你很理解他。如果孩子守口如瓶，不满意表达，你就需要咨询一下专业人士了。

当你不得不对某种不可接受的行为提出反对时，同样不要采取批评的方式，要加人个人的感情色彩，比如说：当我听说你做了蠢事后，我对你伤心、失望到了极点。

许多人担心这种方法会剥夺他们维护道德的权利，事实却恰恰相反，运用这种带有个人情感色彩的话语，能够更有效地表达你的价值观。因为被你的个人情感所感染，你的配偶、孩子或朋友不会觉得受到威胁，只会因你的沟通而感动。

贴心一刻

1. 请牢记，一个人如果感到自己的情感和言行被另一个人控制时，他就会感到耻辱，从而自觉地启动防卫机制。

2. 父母与孩子沟通就不要有任何其他形式的企图，且态度友善，而不期待任何回报。这样，孩子就会自由地运用自己的方式接收和表达自己的信息。他可能大笑，他可能沉默如金，他可能暴跳如雷，他给你说出自己真实的感受……

对待孩子的错误有策略

有一位知名的NBA评论家说过的一段话，对父母怎样批评孩子可能会有些启示：有许多刚进入NBA的球员，在比赛时一旦犯了错误，他们就会转过头来看教练的脸色。有培养NBA优秀球员经验的教练，他们总是不理睬球员的注视，若无其事地在场下观战。因为这样能给球员以信任感，便于球员快速地成长。其实很多教练在球员犯错误的时候，特别是球员在犯低级错误的时候，他们的内心何尝不想批评抱怨球员，但是他不能表露出自己的批评，教练怕影响球员们的情绪，甚至会影响一个球员一生的发展。这也是NBA之所以能培养出世界顶级篮球运动员的原因。

父母子女之间的关系也是如此。父母对于孩子错误的教育方式会给孩子很大的影响。常听见一些父母在批评孩子时说："今天是轻的，下次再错了，我就……"或者："你敢再犯？"这是带有强迫和威胁性质的话。孩子听了就会真有些惧怕，因而在自己错了以后，孩子就会因为惧怕而掩盖自己的行为。这常是我国父母对子女常见的教育方式。而有教育经验的父母，对待子女的错误方法就大不相同。他们不主张强迫，更不主张威胁。在子女不听从父母的时候，父母要先了解孩子的心理，倾听孩子的意见，然后再告诉孩子："为什么应该这样做？"直至孩子心服口服。因为孩子心智不成熟，不容易理解父母话中的道理。这时，父母就要耐心地说明自己的看法和要求，让孩子认同父母的道理，知道什么是对与错，什么是好与坏。这不仅能养成孩子判断的能力，而且孩子以后犯了错，还会勇于在父母面前承认，孩子撒谎也就没那个必要了。

当孩子做错事，为逃避责罚而撒谎的时候，父母不要随意地对待孩子。因为这样会给孩子造成很大的心理压力。有的年轻父母教子缺乏方法，看到孩子做错事或撒了谎，脾气来了，就喜欢大骂一通。这样做并不能改变孩子的撒谎行为，相反还可能让孩子更加依赖撒谎来逃避责罚。父母可以利用孩子的撒谎对孩子进行一些"惩罚"，让孩子明白，自己的错误在哪里。

孩子撒谎，有时会忽视给他人带来什么害处，有时为了让他明白撒谎不是好事，可以给他来一次"以其人之道治其人之身"，让她尝尝被骗的滋味。有这样一个例子：母亲问孩子，给你的100元钱买书了吗？孩子说买了。其实是孩子用于其它事了。母亲当时没有揭穿孩子，当作没事一样。过几天，孩子的学校要收一些费用，当孩子向母亲要时，这位母亲一口咬定已经把钱给孩子了。于是孩子急得大哭。接着母亲搬出那天孩子撒谎的事，和孩子讲道理，分析撒谎的害处。这种让孩子亲历撒谎带来害处的办法，可以让孩子尝点苦头，这也算是对孩子的一种责罚。从此以后，孩子再也没撒过谎。当然，也可以直截了当地指出孩子的错误，温和地提醒孩子以后不要犯同样的错误，然后再给孩子提出要求：孩子可以通过别的方式弥补自己的错误行为，并免于惩罚，比如要孩子编一个故事，要孩子做一个手工等。然后父母指出孩子错在哪里；为什么不应该做，使孩子能够认识到自己的错误，自觉地改正。

没有哪个孩子一点错误都没有。如果父母在孩子面前为了显示权威，在对待孩子错误的时候，把自己的不满一股脑儿全部发泄出来。父母不是在教育自己的孩子，更是在发泄着自己的不满。就是再大的事，即使是自己很气愤，在孩子面前，父母也应该控制自己的感情，否则孩子就会不服。父母应细声地同孩子讲清楚："爸爸为什么叫你到房间来，知道吗？"或者："对于你所做的事，你有什么感想？"引导孩子自己反省，承认错误。所以，父母在孩子错了时，只能就事论事，客观地向孩子讲明孩子所犯错误。这就是对待孩子的错误的策略。如前面所说，父母的专制、严厉往往是孩子谎言的温床。因此，家长一定要温和地对待孩子的错误，让孩子敢于说实话。有时即使孩子做了错事，只要孩子认错了，就不应再痛骂、毒打。因为孩子犯点错误是在所难免的。学会肯定、鼓励孩子，不要主观、武断地滥施批评、训斥和惩罚。许多家长的做法让孩子害怕，孩子就被逼出撒谎的行为来。因此，家长应该反思，调整自己的施教言行，这样就可消除孩子说谎的外在因素。

贴心一刻

1. 区别对待孩子的错误。孩子如果很上进，不小心，偶尔犯错误，或已经意识到自己的行为造成了损失时，父母可给予理解，装作没看见，以区别于屡教不改的孩子。对于撒谎的孩子，父母可酌情处罚。

2. 克制自己。父母看到孩子做错事，心里肯定不爽，但要克制自己，不用过于激烈的言辞和粗鲁的动作惩罚孩子。

教育孩子的两个重要方法

在所有教育孩子的方法中，尊重和鼓励是最有效的两种方式（不排除还有其他的方法），这也是很多家教图书已经提倡过的教育方式，在此，看来并不觉得老套，相反，应持续地将它发扬广大，因为它们的有效性对孩子和父母意义重大。

先说说尊重。对待孩子，父母应以一种无限尊重的态度。任何一个生命都有其内在的成长规律，只有如何生长（这个关键条件），才能达到最好的"生命自然"。生命自然是说，孩子成长的一种内在性，一种天然的成长方式，父母对这种成长方式应该尊重它，鼓励它，小心翼翼地帮助它才是最合适的方式。例如，一些习惯用左手的孩子，以往的教育方式要把它改为右手，但我们知道，擅自"改"很可能给孩子带来很多的问题，导致孩子面临很多所不知的麻烦。

所以，父母要尊重生命成长的自然，相信每一个孩子都是他们自身的样子，一定有他们自己的理由，而不要去想着改变他，也不必去勉强他，孩子最大的优势就是他的个性，他本来的样子。

一次，我刚批改完学生的作业，就看见郑老师气呼呼地把一个学生拉进来。显然，郑老师和学生起冲突了。看那个架势，那个学生显然不服气，就像一只好斗的公鸡，嘴里大声争辩着。照这个趋势下去，李老师肯定下不来台。于是，我马上起来，劝郑老师坐下，然后把学生拉到了另一个房间。让学生讲讲原因。

这个学生说了一大堆，期间，我不停地点头，理解和同情了这个学生，同时，我告诫他无论如何都要保持对老师的尊重和理解。渐渐地，双方都冷静了下来。一场风波就这样化解了。

人都有被尊重和理解的需要，孩子也是。把握住了这一点，还有什么样的孩子不能教育好呢？

违背孩子自然生长的教育方式，它使孩子过多、过度而毫无节制地生长，它剥夺了生命自然的感受力，自然的成长方式。这也是不尊重生命的表现，它的严重后果在于，孩子可能永远都"长不大"，以后无法适应社会，用"超级婴儿"形容也不为过。

再说说鼓励。孩子最需要父母无限热情地鼓励，因为孩子的成长都受本能的主导，同时也受父母鼓励的影响。鼓励就是看到前方的希望，然后施以信心。它可以使孩子的成长更顺利、快速，甚至形成一种文化，让孩子生活在爱的世界中。他信赖这个世界——相信这个世界的美好，信赖自己的父母，信赖自己的老师，信赖……他的身上充满积极的力量，使自己慢慢找到生命的方向。

所以，父母眼睛充满欣喜和鼓励，给孩子以安全，使其释放巨大的潜能，放心而愉快地向前走。

贴心一刻

1. 尊重孩子。就是倾听他的诉说，理解他的想法，支持他的选择，遇见有关他的事同他商量，一些他力所能及的事让其参与，这可以给孩子增加亲情，增强孩子的幸福感。

2. 鼓励孩子。就是支持他的决定，为他的做法出谋划策，孩子灰心的时候鼓舞他，做出成绩时让其再接再厉，这可以坚定自己的信念，义无反顾地奔向人生的目标。

溺爱的孩子如何管

我的儿子叫姚远，今年十岁。儿子自小以来，衣来伸手，饭来张口，一切尽量满足。但慢慢地发现，他开始变了。他有求于父母的时候，便表现得像个乖乖虎，而且甜言蜜语哄得父母很开心，可是，一旦达到，便立刻表情紧绷，对父母爱搭不理。在他的日记里这样写着：朋友是第一位，父母最后一位。

一次，儿子要买一双 700 元的球鞋，我没有答应他。可他居然一个星期没有和我说话，甚至正眼都不看我一眼。不就是一双鞋吗，他脚上穿的也是前几个月刚买的，也花好几百呢！现在的孩子怎么这么不懂事呢。

孩子天生具有感恩、反哺父母的能力，而后天之所以会感恩能力变弱，归根结底还是父母的责任，与父母的溺爱有关。

从中国现在的国情来讲，大部分孩子都是独生子女，针对这样一个"宝贝疙瘩"，99％的家庭教育都倾向于溺爱、放纵。所以，家庭教育离不开一个观点，管孩子，而且从严管理。

施行严厉的教育方式，自然就对父母提出更高的要求。父母在生活中要"盯"着孩子，要"陪"着孩子，不盯不陪，父母如何知道孩子的问题在哪？如何知道孩子什么时候出的问题？如何知道应该采取什么样的方法应对孩子？

现在的父母大多为了生计而忙碌，不过也很重视家庭教育，但总是方法不对头。也有一些父母知道"尊重"孩子，于是对孩子不管不问，彻底放手，放弃了自己做父母的责任，而且，满足孩子的一切要求：要风得风，要雨得雨。孩子爱讲什么，随他去；孩子爱要什么，大量供应；孩子爱干什么，由他去……这样的自由往往最后害了孩子，这样的孩子在不少学校都存在，他们的行为令我们感到触目惊心。总之，父母的这种"尊重"是一种山寨式的尊重，虚假的尊重，目的是避免自己的责任。

而且，现在有很多父母对孩子的教育不是全面的，而是厚此薄彼。他们只关心孩子的学习，而对心灵教育、习惯教育和其他有关生命健康的教育束之高阁。他们在生活中，替孩子做好了一切，替孩子做饭，洗衣，希望孩子将心思完全用在学习上。殊不知，这样的孩子长大后，往往目中无人想要在社会上立足也变得很难。

现在，父母太脆弱了，他们很想教育孩子，很想让孩子好，但他们却不知怎么教育，几乎不知道如何批评孩子，即便偶尔批评一下，心中的难过劲比孩子还要深。所以，父母常常看孩子的脸色行事（颠倒过来了），孩子在家没大没小，更谈不上尊重父母了。"家纲"一乱，父母"无道"，孩子"猖狂"，必定出事。

所以，溺爱的孩子要严管。否则，等孩子错过了那些重要的人生阶段后，想再管来不及了，孩子已经成型，父母无回天之力了。

贴心一刻

1. 逐步控制孩子的物质生活享受。让孩子节制一些，适当吃点苦头，增强孩子的社会认知能力。

2. 让孩子尊重自己。一个不尊重父母的孩子，很难尊重国家和其他人。让孩子尊重父母就是拓展他以后对别人的尊重，改善处世态度。

3. 适当地管教。孩子如果太出格，父母可采取一定的行动警示孩子，事后再与其沟通。

4. 管教与爱相互交织。对溺爱的孩子，父母不能一下子对其要求过严，要管教和关心相互交织，建立平衡。

第十章　如何让孩子学习

——避免最愚蠢的家庭教育

当惩罚不起作用时——事实上它也总是如此——有很多别的方法可以使我们做得更好。重新审视管教方式及孩子的行为，我们会发现去亲近孩子、陪孩子玩乐、理解孩子的情感与惩罚纠正孩子的行为及过度宽容孩子相比，可以让我们做得更好。

——劳伦斯·J·科恩

爱孩子，希望孩子成龙成凤无可厚非，但如果强迫孩子，干扰孩子的正常成长，无疑是非常愚蠢的。这表明了父母的教育无方，又在一定程度上害了孩子。

教育孩子的理由不足

一个自负的孩子，他为人做事都是以自我为中心的。教育这样的孩子，最大的难题就是使他认识和克服自己的缺点。因为，当他有了缺点的时候，他不会在自己身上找原因，而千方百计地从自身以外的地方找原因，并把自己的缺点和错误转嫁到客观因素上，以为自己还是完美无缺的。孩子执迷不悟，父母也束手无策。

在这种情况下，父母就会觉得自己的孩子很顽固，这种顽固随之恶化，父母就会发现孩子的很多问题：

1. 有错不改，固执己见；

2. 学习上心浮气躁；

3. 生活中总是目空一切；

……

面对孩子这些缺点，家长常常是有两种所谓解决的办法：

一是想通过批评来打压孩子心中那种高估自己的心态。这是用与孩子直接对抗的方式来教育孩子，简直是"以邪治邪"。父母不知道，批评不是最好的教育方式，再者，对于自负的孩子，批评的教育效果也不会很大，有时还会伤害到父母与子女的感情。因为自负的孩子本来就很难接受他人的观点，更何况是在你批评他的紧张氛围中，就更不会理睬你的说教。

单光是一个上初一的孩子，周围人说起他无人不知，父母离异，各自又重组家庭，且长年在外打工。他由哥哥帮带着。而他的哥哥又是染着红发，常与社会上一些不三不四的人搅在一块。特殊的家境，让这个单光早就"声名远播"了，打架、旷课、赌博是他的专业，对他来说，学习只能算是副业。

没有想到，他被分到我所带的班级中，我的心中有了一丝隐忧。心想，要想搞好这个班级，首先过单光同学这一关了。第一次上课时，我的心是忐忑的，环视四周时，果然发现一个很特别的学生，我想肯定是他。他的眼神还是清澈的，或许是第一天上课，脸上还带着一丝兴奋。

我点完名后，表达了对所有学生的欢迎和期望，特别提到了一个学生应注意的打扮。很多次，我想对单光进行多次谈话，但根据我的经验，特殊学生就得特殊对待。或许他早就熟悉和老师"单练"的套路了。我心里想着该使用哪一种教育方式才能转化他。

第二天上课后，我有些吃惊地发现，单光的头发短了。没有直接的短兵相接，普通的谈话就起作用了。显然，他已经放弃了身上的所有武装。接下来，我使用平常教育的方式就解决了对他的转化问题……

作为一个学生，都有一种积极向上的需求。有时，过分地关注甚至给一些问题孩子"单开小灶"并不能解决他们的问题。本例的老师没有打压，也没有批评，这个问题孩子居然"自然直"了。

还有一个办法，就是家长想通过对孩子的一次大的打击来使其认识到自己的不足，从而使孩子客观地评价自我。这种方式很大程度上是父母叫孩子自己教育自己。在孩子受到打击时，父母最多只能起到一个烘云托月的作用，但自负的孩子的心理素质是非常"好"的，一般的小错误很难能给他带来触动，因为孩子总会为自己的错去找客观理由的。如果有一个大的打击能触动到孩子，这对于父母和孩子来说，要么父母和孩子要付出大的代价才会得到效果，要么父母找到能触动孩子内心的东西也会得到预期的效果。在这里，前者从某种程度上说，是对父母和孩子的一种伤害，后者则是矫正孩子这些坏习惯时，看起来是一个比较不错的办法。

但是，很少有父母去挖掘孩子内心最深层的东西，他们在教育这样的孩子的时候，就是选取最简单的两种办法：

1. 用批评攻击孩子，想在气势上压倒孩子；

2. 期待"打击"击醒孩子；

仔细看这两种办法，前一种方式可以看出父母对于子女教育的急切，主观性很强。这样的父母想通过自己来纠正孩子因自负所带来的缺陷，但遗憾的是方法不对头；后一种教育方式有些"靠天收"的意思。这是对孩子错误的一种妥协，或者说是对自己缺乏教育方法和效果的一种无奈。

孩子在这种教育环境下，很难改变自己原有的状况，因为他很难知道自己错在哪里。自负的孩子会这样想：

> 本来对自己是"小菜一碟"的一件事，做砸了只是自己的"粗心"而已，自己是会做的，可父母还要批评他；
>
> 张三就是不如我，好几次考试都没有我好，可老师为何选他做班长，太瞧不起我了；
>
> ……

孩子想问题的时候总是停留在事情的表面，他不会去考虑事情中更深层的东西。在孩子看来，父母的批评就像用一把二十斤重的大锤去砸一个核桃，这根本毫无必要。而自己又有很足够的理由来为自己的不足开脱，可父母对自己不满的地方，他们却拿不出令自己信服的理由使自己改变。自负的孩子往往是有主见的，而这种主见在某种意义上加强了他的顽固，这就使得父母在纠正孩子缺点的时候难上加难。孩子受到打击只是给父母纠正他错误的一个心理基础，真正改变孩子的，还是父母在理解孩子的同时，给孩子讲更多的道理。也就是说，你给了孩子一个改变自己的理由，孩子接受了，你的教育就达到目的了。

贴心一刻

1. 教育孩子要考虑周全。面对孩子的自负所带来的缺点，我们要会发现孩子的内心，理解孩子的看法，教孩子认清事情的本质，孩子就会理解和采纳你的建议了。

2. 别跟孩子硬碰硬。当我们面对有些固执，甚至有些妄自尊大的孩子时，父母不要把孩子的心理和观点抛到脑后。如果只是给与孩子一股脑的批评，或者在口头上与孩子进行"口水战"，就根本不是在教育孩子，而是在攻击孩子，或者是在和孩子抬杠。攻击和抬杠压根就不会有教育的效果可言，那样也和孩子无异了。

父母没有掌握教育的"度"

有个成语叫"矫枉过正"，用它来形容现在父母对孩子教育时所犯的过错再恰当不过了。对于孩子的教育，就像在使用一个天平，当它失去平衡的时候，我们就要向一边添加砝码。在现实中对孩子的教育，由于父母向一边添加的"砝码"过多，"天平"就会出现新的不平衡。比如，很多父母想让孩子不要有自卑的心理，就去大力赞扬孩子，而这期间不会对孩子有半点批评，长期以往就会使孩子养成自负的性格；当父母在矫正孩子的自负性格时，往往又会极力地去批评，这样常常又会使孩子养成自卑的心理。父母在这种教育的过程中，往往是花尽心思、费尽心力，但结果是效果没得到，却使孩子走向了另一个极端。当他们的孩子不如他们意的时候，只会长叹一声：孩子给我"惯"坏了！

所有对孩子的教育都需要一手软一手硬，因为对孩子需要积极性和限制性两方面的结合。众所周知，对孩子过于严厉的管教，孩子的创造力、想象力就容易被扼杀，它还会破坏孩子的自尊和人格的形成；另一方面，放任孩子虽然能使人的个性充分发挥，但父母又有"没有规矩，难成方圆"的担心。很多做父母的总是处于两难选择之中，在对孩子"自信"的培养中，难以在奖励和管束之间把握平衡，这样很容易使孩子养成自负或自卑的性格。

常常有家长困惑地说："我对儿子软硬兼施、恩威并用，奖励与批评常常同在，可怎么还是不灵呢？"有这种困惑的父母，他们的孩子可能是自卑的，也可能是自负的，孩子就是没有父母期望的那份自信。造成这种现象究竟父母错在哪里呢？

作为父母不难遇到这样的情况，当打洗脚水的时候，要想盆里的水有个适宜的温度，就要有用冷热水调试好温度的能力。水太烫或太凉，再加适量的冷水或热水来调和温度，这样洗脚才会舒服。如果一个人没有用冷热水调试好温度的能力，他加热水会使水太烫，加冷水时又会使水太凉。对于孩子自信的培养，很多父母教育孩子时就是这样，喜爱孩子的时候，把他当作

"小皇帝"，含在嘴里怕化了，放在手里怕摔了。明知孩子做的是一件微不足道的小事，他们也会大加赞赏。这样的父母放大了孩子的能力。而一旦孩子犯了错，自己在不高兴的时候，他们又不顾一切地把孩子往"死里整"。这样，根本不会使孩子有一个"合适的温度"。

这样的教育方法，就是矫枉过正。一位妈妈正在给他刚上学前班的儿子长数数，她伸出三个手指头，还有一个手指头半屈半伸着，她对孩子说："仔细数数，妈妈这只手究竟是伸出了几个手指？"那孩子缓缓地抬起头，涨红了脸，盯着妈妈的三个手指，数了半天，终于鼓起勇气口说："四个"。

面对这样的结果，引来妈妈大声的训斥："四个？我的天啊！这是三个？"然后接着可能就是一连串的羞辱之辞。难以想象这样得不到父母鼓励的孩子，怎么会拥有健康自信的心态。

许多父母在教育孩子时，一开始就没有一个准则，处罚起来也就没有原则性。有时候会因为孩子一时犯错或不小心酿成意外而重重地处罚孩子，这样就会削弱孩子的自信心。赞成适度地管束孩子，绝对不表示父母可以把自己的沮丧和不安发泄在孩子身上。家长在苦恼自己教育没有效果的时候，是否想想在批评孩子时，有没有因为自己心情不好而拧他的耳朵？有没有在别人面前用不尊重的方式羞辱孩子？如果有，这样孩子哪还会有自信可言？恰恰惩罚是由父母来定位的，对错也是从父母的角度进行评判的，把自己的观点强加到孩子头上，它是不承认孩子自身权力的一种方式。惩罚很容易引起孩子的愤怒与怨恨，从而导致更大的冲突。

管教孩子不等于惩罚孩子，赏识孩子也不等于放任孩子。因此，父母赞同合理的管教，但不提倡无原则的赞扬。对孩子合理的自信的培养，并不只是一味地对孩子赞扬，孩子毕竟是孩子，会不断地出现各种各样的问题和错误。因此，在教育孩子时，还需要掌握赞扬的"度"。

在培养孩子自信的时候，父母要合理地管束孩子。对孩子无论是奖赏或惩罚，都应有同样的程序和原则，作为家长首先应该了解什么是"合理的管束"，然后才可能实施真正有效的管教，才能在奖励与惩罚之间寻找到一个平衡点：既不至于使孩子自卑，也不至于使孩子自负。

合理的管束，前提是事先设定好的合理的界线，以制度和规定方式确定下来，这些规定应该在孩子违反之前就讲清楚，一定要让他清楚地知道父母的期待和理由。

当孩子的举动已经表现出来，父母也看到这样的行为，做父母的就要先加以辨识这种行为是否在奖赏和惩罚的范围内，是否应该受到奖赏和惩罚，这样就可以保证他们的尊严不会受到伤害。如果父母抱怨自己管束不了自己的孩子，那就说明在管束孩子的时候，他们没有很好地建立起自己的权威，无论孩子听没听你的要求，你都没有进行相应的奖励与惩罚，使孩子觉得父母的话听不听都是一个样。

如果孩子在家里接受并且听从规定，那么他们在离开家庭后，就能够融入到更广阔的外面世界中去；如果那些规定得到遵从，那么父母就能更科学地运作自己的教育方法，并且培养好孩子的自信心。

贴心一刻

1. 管教而不是惩罚。有的父母一听到管教一词，就认为惩罚孩子，给孩子一点脸色看看。其实不是这样，管的目的是为了教，教育孩子才是最终的目的。

2. 赏识而不是放任。赏识孩子可以提高孩子的自信心和自觉性，但不要不管不问，无原则地放任孩子。

3. 管束是在合理的前提，既管又束。自身预先设定一些合理的标准，让孩子去遵守。根据孩子做的程度，适当地奖惩。

给孩子释放压力

孩子有压力吗？有！特别是学习成绩不好的孩子，他们会面临着来自各个方面的压力。父母大都不能看到压在孩子身上这种担子。大多数孩子的厌学与他们是否聪明没多大关系。孩子在心理产生的压力将直接影响孩子的学习和成绩。很多厌学的学生一般都是由于学习跟不上，经常受到老师的批评，家长的责怪以及同学们的轻视。面对这几方面的压力，索性破罐子破摔，经常逃学……一个孩子在日记中写道：

> 现在的我一拿试卷就打怵，大脑一片空白，这是一种什么"病"？有救吗？我的数学较差，在毕业考试后，我专门查看数学成绩时，看到分数是98分，而数学老师公布的成绩却是85分，其实是我误看了成绩，但当时心里特别难受，真想大哭一场，但还是忍了下来。于是，我开始怀疑自己，我的脑子是不是有问题，心想自己为什么这么笨，居然连分数都会看错。

> 这种压抑的状态从初三总复习开始，当时的学习压力非常大，信心尽失，连以前会的题也不会做了，公式定理僵硬，不会灵活应用，考试时怎么也想不起来。这使我很害怕读书、做练习试卷，学习效率极低。父母对我很着急，以这样的状态如何考上重点高中呢？

> 其实，最苦的还是我，压抑的痛苦、思索不出的痛苦、害怕失望的痛苦……都向我涌来。

孩子具有繁重的学习任务，压力很大，特别对于那些即将毕业的孩子来说，更是如此。

一般来说，孩子的压力来自几个方面：

> 1. 家人的期望。一个孩子的身后往往有很多人对他寄予期望，当孩子满足不了他们的时候，这种期望就会变成孩子学习的压力。

> 2. 来自于老师。对于一个成绩差的孩子来说，老师对他的学习要求和对他的放弃都会在孩子的心理造成压力，其中的原因在前文已经提到过。

> 3. 来自同学。孩子学习成绩不好，在同学之间也不会抬起头来。这种在同学面前的失败感也是孩子的压力之一。

> 4. 突如其来的压力。这种压力往往是不可预见的，比如将面对老师的责罚，在学习任务面前束手无策等。

作为父母要看到孩子的压力，要主动给孩子减压，这样就不会使孩子彻底地瘫倒在压力的泥滩中。孩子大都是带着压力在学习的，当孩子的压力达到一定程度的时候，必须及时地去给予排解，不然，孩子就会因为心理的稚嫩而承受不住，其结果就是产生厌学情绪。

要给孩子释压，首先面临如何保护孩子自尊心的问题。现在有些父母见不得孩子有一点错，一旦犯错就让孩子抬不起头来。要知道你给孩子多一份自尊，孩子就会多一份快乐。遇到问题，使孩子有个心理缓冲的过程。孩子有错父母不要一味地批评，家长要引导孩子学会反思自己，看问题一分为二。父母要明白孩子在人格上与自己是平等的。

给孩子减压，不可忽视学校、社会都有责任，但学生压力主要来自家长。有的家长不顾主客观条件，忽视孩子的天性，完全用家长的意志塑造孩子，以为有高投入就得有高产出。因此若给孩子减压，首先就要调整家长的心态，抛弃不切实际的想法，保持平常心。

从老师那一方面来说，父母不能给孩子都找到好老师，但要给孩子找一个好班主任。有这样一个例子就是很好的证明。一个孩子前后两个班主任。高一的班主任会这样说："你们家长放心，再调皮的学生我也有办法对付，我治他们的办法多了，谁也别想在我这里犯刺。"这个老师确实够厉害，每天对孩子的话除了讽刺就是挖苦，听不到一点鼓励。孩子本来成绩就不好，老师的讽刺和挖苦给孩子造成了很大的压力，孩子的学习根本没有什么积极性可言。高二换了班主任，老师是这样开场的："我觉得我们班的孩子很可爱，每个人都很有特点。"一句话听得孩子们眼泪差点掉下来，心里面热乎乎的。孩子的学习热情比以前高了许多，所在班的成绩也有很大的提高。一种是施压，一种是释压，老师对待孩子的态度不同，孩子学习的态度也会不同。所以，教育工作者应遵循以下的规矩做人做事：确立育人为本，服务至上的教育思想；坚持以柔克刚，循循善诱的教育方法；营造民主平等，健康活泼的教学气氛。这样孩子待在学校里就不会有太大的压力。

有时，学生、老师之间总会产生一些矛盾，这很正常，关键是父母要及时与孩子的老师沟通，弄清矛盾的原因所在，及时化解矛盾。孩子在学校的情况一般是不愿同家长讲，老师也没有太多的机会及时对家长讲，家长又没有察觉到孩子的心理变化，几方面一耽搁，做疏导工作的机会就贻误了。

对于孩子之间所造成的压力，当孩子老师和家长的压力减小了以后，孩子的心态就会大不一样，在孩子中间就会有一份自信，这就让孩子抛去了心理的包袱，孩子在学习的道路上就跑得更快。

贴心一刻

1. 孩子活得并不轻松。我国经济和科技飞速发展，为孩子提供了较好的成长环境。但孩子身上的担子并没有因此而减轻。他们除了每天花费七八小时学习之外，还要回家做大量的家庭作业，这是有目共睹的。因此，适当减压是有道理的。

2. 自己的事情不要影响到孩子。有的父母自己工作有了压力或受到批评时，常常拿孩子来撒气，这样做的结果使本来压力就很大的孩子雪上加霜，长此以往，容易引起他们的心理问题。

3. 理解学校。学校有自己的教学计划和目标，父母除了支持学校教育之外，还要协调家校之间对孩子造成的影响。

允许孩子偶尔考差

一天下午放学后，父母都过来接孩子回家。孙家宜背着书包从校门口走出来，直接奔向正在等待的妈妈。坐上妈妈的自行车后，她高兴地对妈妈说："妈妈，我们今天考试了，我得了第七名。"满以为孙家宜的妈妈会感觉高兴，以往孩子的成绩从没有进入前十名。可她妈妈听了孩子的话后，没有太大的反映，转而问身边的另一个孩子考了第几名，一听人家考了第二名，立刻对孩子说："人家考了第二名，你怎么就考不了呢？"孩子听到这话，刚才的兴奋劲立刻消失得无影无踪，低着头跟妈妈走了。

别说孩子，即使换作成人，也会感觉到失落的。家长关注孩子的学习成绩，这无可厚非，但如果只是一味地追求高分数，往往会适得其反。更重要的是，例中妈妈没有分享孩子的进步，而且还打消了孩子学习的积极性。孩子有了进步应该得到表扬和鼓励，如果考差，孩子的后果肯定不妙。

分数有它的意义，毕竟只是衡量孩子的一种方式，分数高不是坏事，但绝不要为"分"而狂。既然如此，孩子考差是可以理解的。

俗话说"活到老，学到老"常常是父母和老师激励孩子学习的手段。学习绝没有过度之说，只有方法对不对头。

如今，为了让孩子不输在起跑线上，父母往往采取严格训练的方法教育孩子。不妙的是，孩子常常容易出现问题：有的孩子由于紧绷身心，导致得了胃病；有的孩子由于紧张，常常感到头晕，心悸目眩；有的孩子失眠，神经衰弱……结果，孩子本该听课的时间却精力不济，本该休息的时间却睡不着。身心疲倦的他们判断力下降，反应迟钝，哪里还谈得上学习好呢？

贴心一刻

1. 人的身体和精力是有限的。永远都要牢记，潜能的发挥需要身体作铺垫的，人体消耗到一定程度，潜能就会戛然而止。只有平衡自己，不过度学习，不过度玩耍，不过度……就是一个健康而潜力无限的孩子。

2. 抓住关键。让孩子在关键的考试和事情中展现才能，取得佳绩就可以了。就像人生，处处辉煌是不可能的，世上没有常胜将军

父母差不多就可以了

很多父母可能不以为然，认为"差不多"绝不是追求的教子境界，那与"马马虎虎"有什么区别呢？

如何做一个好家长呢？时时盯着孩子，还是事必躬亲？都不是，父母其实做一个差不多好的家长就可以了，这样，既让孩子更好的自然成长，又不

至使我们的事业疏漏。一个国外儿童教育专家唐纳德·温尼科特说过，"孩子所处环境的养分合适时，其遗传的潜质就会体现出来。"注意，这句话的关键是"合适"，并不是独一无二。在这个竞争激烈的社会里，很多父母往往不明白这个道理，有时恨不得将自己的全部灌输给孩子。而让父母们担忧的是，孩子如果成绩不是特别突出，或没有特别高兴，就很容易产生内疚感，将这归咎于自己或老师。

其实，孩子只要高高兴兴地成长就可以了，没有必要把事情做到最好。需要的是把事情做得差不多好就行。比如，孩子的家庭作业难以做得非常好，孩子的老师或朋友差不多就可以了，孩子在学校里的表现差不多好就可以了，等等。

一个叫李祥的孩子，被父母送到一家贵族学校学习。父母的目的是让孩子精益求精，做到最好。李祥每天晚上都被妈妈催着做功课，似乎有做不完的题，读不完的书，常常到很晚。

贵族学校优越的学习环境，雄厚的师资力量并没有让李祥多么高兴，相反，他还为此闷闷不乐。

父母发现他比较适应有一千多学生的公立学校，于是把他转到当地的一家中学。

出乎意料的是，公立学校环境虽然远远比不上贵族学校，但孩子却说："这里的学生都融洽，学习刻苦。在原来的学校里，人人就像同极磁铁似的相互排斥。而现在，这里的学生很有幽默感，相互帮助，其乐融融。我发觉在这里很快乐，不用老师和家长催促，我要比以前学习努力、自主。"

每个孩子都像上帝咬了一口的苹果，父母不必为其塑上金身或晶莹剔透的珍珠。孩子不是给人看的，他如果没有优异成绩的光华，就会认清自己，懂得珍惜生活，敢于拼搏，勇于承担，去开拓自己的未来。

正是差不多、不完美，孩子才能追求和希翼美好的事物。不要为自己的孩子没有出类拔萃而闷闷不乐，也不要为自己孩子的优秀而沾沾自喜。人生就像一场足球赛，最好的球队也有丢分的记录，最差的球队也有辉煌的一天。我们的目标是尽可能让孩子得到的多于失去的。

贴心一刻

1. 不追求完美。世上没有完美的事物，父母所要做的就是教育自己孩子时时进取、永不放弃，对人生充满追求。

2. 学会接受缺陷。耀眼的荣誉光环可能不属于孩子，但孩子只要珍惜生活，追求上进，理智地珍惜环绕自己的爱。那么，父母就能得到别的生命不曾获得的圆满。

学习好绝不是逼出来的

几年前，一个女孩高考落榜了，感觉痛不欲生，更让她感觉冰冷的是，父母对她很冷淡。她选择了自杀，好在抢救及时，女孩活了过来。

事后，教育专家有意对其进行专访，弄清她为什么会选择这样一条绝路。女孩说，她感觉自己很无用，父母认为她太笨了，没有达到他们规定的要求。因为父母也是很要强的人，要求她进入一个像样的大学，给他们脸上争光。考前对她抱有很大的希望，也做出一定的辅助，给她承载了很大的精神压力。

高考分数下来后，她感觉连一般的大学都没有考上，找不到出路了。不知如何面对父母，才选择了轻生。

父母对孩子的期望过高，给其造成的精神压力太大。孩子失败后，如果不注意鼓励和引导，孩子就会抗不住挫折，进而选择轻生。

学习好是一件好事，学习努力也是应该的，但如果过度学习，硬塞知识的做法就应该受到谴责。无论从哪一方面来说，这种方法都是大错特错的。从人接受知识方面来说，孩子的心智和身体一样，如果超过一定速度就不会吸收，供给的知识过多过快，就不能将心智集中到一块，只能"水泼地皮湿"，或者考过就什么也不知道了。从孩子的心理来看，强制学习是一种被动的动作，对书本具有厌倦的感觉，并伴随着紧张和痛苦的情绪体验。时间一长，反而使孩子丢掉学习的兴趣。

如果一直秉承"书中自有黄金屋，书中自有颜如玉"，而不知将对知识进行组织和运用，长大后会是很可悲的。德国一位科学家认为，过量而消化不良的知识不但给心智带来沉重的负担，而且这种知识好像是人体的脂肪，毫无力量，只有将它们变成肌肉才有效。

所以，长期的身体压抑可使最光明的前程带来障碍，而强健的活力即使处于不幸也能放出光芒。父母希望自己的孩子成才的同时，也应看到过度学习和过度教育以及强塞知识的真实害处：

1. 这些知识就像昙花，过后就忘；

2. 这些知识不怎么令人喜欢，丧失学习的兴趣；

3. 这些知识障碍导致孩子不自信；

4. 忽视了知识的运用和组织能力。这其实比知识都重要，否则，我们学了做什么？

5. 它使孩子的身心受到伤害，失去了学习的动力和兴趣。

事实上，真正地学习好绝不是父母和老师逼出来的，也不是自己强制学习来的。它需要自然、有的放矢，日积月累形成的。

贴心一刻

1. 成绩优秀是一种能力。它不是一朝一夕而成的，它是孩子能力的一种体现。如果想让孩子成绩优秀，就要长远规划，逐步提高，绝不能牺牲孩子其他的爱好，否则，很可能事与愿违。

2. 功夫在诗外。父母如果想让自己的孩子学习好，不妨先让孩子尽情挥洒生活，体验生活。

架立起家校沟通的桥梁

每一个孩子都不可能是神童，他们总有这样或那样的缺陷，即使再多的鼓励和借助老师的才能也不能达到。像爱因斯坦和居里夫人这样的大科学家少之又少，甚至几百年才出一个。老师们能教孩子的就是，在以后的职场和人生生活中的各种处理技巧。出于爱孩子的角度出发，很多父母都听不进老师这样的建议，孩子如果受了一点委屈，他们往往便找兴师问罪。有这样一个孩子：

在他九个月大时，就能开口说话了，在上幼儿园之前便能在电脑上玩复杂的电子游戏。孩子被周围的人赞不绝口，称为神童，但只有他的老师例外。转眼间，孩子上了小学二年级，老师所关心的似乎只是家庭作业做得如何，以及孩子在班上的拙劣表现等这类琐事，没有发现或并没注意他超常的天资。

父母对此很气愤，认为老师的做法不足以为人师表，实在埋没人才，他们只好去拜访另一班上的老师，如果允许的话，就转到他所带的班级。但他们的行为在校方看来没有足够的理由，拒绝了家长的要求。

其实，这个孩子有自己存在的问题，学校的规则不适用于他，不能忍受约束。转班对孩子的成长有害，孩子如果在以后的人生对某个状况不满时，就会选择逃避，而且，他认为不需要尊重自己老师的权威；不转班才好，孩子这样会跟老师学会如何相处的一套技巧，这是生活和职场中都需要的。不论你多么聪明，天赋如何高，如果你觉得每一位老师都面目可憎、不值一提时，要么是你出了问题，要么是你的学校不适合你。

一般而言，父母与老师关系好坏的标志就是孩子的成绩单。现在，老师都给予每个孩子建设性的批评，肯定孩子的优点的同时，鼓励他持续努力。现在，老师对每个孩子的评语都不错，字里行间透露着老师的疼爱和爱护。

上面的做法看起来是老师、父母和孩子三方都皆大欢喜。然而，在西方一些犹太人学校，学校的老师们总本着实事求是的作风。他们的一场家长会只有短短的十分钟。先是老师作了简短的发言，对这个学期作了简要总结。当某个家长得知孩子表现良好时，便想详细问询。不过，校方却表示，父母如果想要听华丽赞美的话到家里听他的爷爷奶奶讲就行了，学校并不是一家旅行公司，对每个景点（孩子）都要作出评价。

孩子的成长是需要时间的，更不是一蹴而就的，如果你可以平心静气和客观地留意孩子一直以来的努力和一些不太动听的评语的话，就会知道孩子如何获得思考和成长的艰难。

贴心一刻

1. 相信学校的老师。或许，父母认为自己是最了解孩子的。而老师本身是孩子教育方面的专家，教育孩子的技巧是你无法企及的。因此，对于老师，你要尽可能地往好处想，不要和学校、老师对立，这样老师和你就会成为教育孩子的同盟。

2. 父母要积极地配合老师，建立家校合作的桥梁。孩子的问题既可以找一找周围的父母探讨一下经验，也可以找老师约个时间谈谈看法。你要了解孩子的行为举止，并激励孩子做好自己的强项，和老师交流时，不要忘了把这些信息告诉老师们。

重在培养孩子的学习兴趣

在美国内华达州有一所叫麦迪逊的中学，曾给全校学生出过这样一道题目：比尔·盖茨办公桌有五个带锁的抽屉，分别贴着财富、幸福、荣誉、成功和兴趣等五个标签。盖茨总是只带一把钥匙，而把其他四把锁在抽屉里，请问他通常带的是哪一把？

学生们看到题目后，各抒己见，答案不一，选择什么的都有。后来，老师把这个题目发了到了校网站上，并收到了比尔盖茨本人的回信。在信的上面，盖茨写了这样一段话：在你最感兴趣的事物上，隐藏着你人生的秘密。

兴趣是最好的老师。父母要注意观察孩子的喜好，发现孩子的兴趣，从孩子感兴趣的事情入手。兴趣对孩子的成长有不可忽视的作用，建立在兴趣之上的梦想，才更有可能实现。

在兴趣的指引下，孩子学习总会带来快乐和满足，同时，接下来的事情就是事半功倍。

兴趣是孩子学习和求知的最大动力，在今天和以后都不会过时。如何让孩子产生兴趣呢？答案是培养。培养的主要方式是引导孩子，促使和加强孩子对事物的主动性，使其产生兴趣。

孩子天生就在语言、空间、视觉和逻辑方面具有潜能，因此，他们常常对事物在这些方面产生兴趣。或许，这些兴趣随着孩子对事物了解的加深，其注意力不会持久，但他们这种兴趣是不会改变的，除非来自父母和老师极大的压制和厌恶。当然，换作那些有信念和坚持力的孩子，再多的干预都是徒劳。生活中有很多例子都证明了这一点。

孩子培养兴趣非常重要，很多父母也注意到了这一点，但往往随意干预孩子的一些兴趣。比如，他们经常指责孩子那些"无价值"的兴趣，父母只会按照社会或学校既定的兴趣模式去给孩子安排未来，并想让孩子的兴趣与这些模式连接起来。企图用"有价值"的保留，"无价值"的去掉。

父母的观点有时偏颇，对于孩子和一些事物来说，很难用"有价值"和"无价值"进行评论。事实是，每一种兴趣对孩子求知来说，都是有价值的，除非那些明显有违社会道德和伦理的事情。那些明智的父母紧紧抓住了这一点，总能用这些兴趣将孩子引向各类知识的大门，并培养出了孩子求知的好习惯。

对于孩子来说，几乎都对小动物具有浓厚的兴趣，比如，一只蜻蜓、一只小鸟和一条金鱼等，它们会吸引孩子很长时间的注意力。但如果让他们去背诵一首诗或一篇课文，则常常是困难的。在兴趣的驱使下，孩子会在没有任何督促和要求下，花上一段时间去观察金鱼的游动或花上一个下午和心爱的小狗待在一起等等。兴趣来时，孩子往往兴致勃勃而心无旁骛，即使太阳晒得他们背上脱皮，脸上流汗，也乐此不疲。

理智的父母都深知，孩子即使花上一年的时间去与小动物玩，也不能增长多少知识，问题在哪里呢？问题就是培养的方式，即引导上。当孩子的注意力在小小的蚂蚁身上时，父母可对孩子说蚂蚁的习性和种类，以及他们具有的特征，这其实就是知识的范畴了。

父母在孩子兴趣对象上所表现出来的兴趣，会让孩子感觉有了共鸣，而目的性的引导又让孩子在不知不觉中学会了求知的方法。需要注意和强调的是，父母在诱导的过程中，不可急功近利，否则，孩子一旦认为你在给他布置一项任务时，他就本能地抗拒，从而兴趣大减。

可以肯定的是，每个孩子都会对不同的事物产生不同的兴趣，每一种兴趣背后都对应孩子无限的潜力，表现出来就是特长。同时也向天下的父母和老师宣告：一个健康孩子都是聪颖的、积极的，只有做法不恰当的父母和老师。

贴心一刻

1. 孩子对某种事物产生兴趣时，不要简单地认为孩子的兴趣没有价值，更不可直接否定和干预孩子；

2. 利用孩子的兴趣，向孩子灌输有关的知识，让孩子学到知识，更加快乐；

3. 引导孩子通过搜索或请教别人的方式来获取知识；

4. 让孩子把事物用笔记下来；

5. 不加重孩子的负担，更不给孩子布置相关的任务或作业之类，满足孩子的兴趣要求。

结合实际给孩子定目标

乐乐的父母没有多少文化，因此，他们把希望寄托在了孩子身上。乐乐自从上了小学后，就被父母严格管理起来了。经过他们的努力，孩子的学习一直不错。但他们认为孩子应该有更高的目标。经过商议：夫妇俩为孩子制订了考试必须为前三名的学习目标。因此，乐乐在考了前三名时不会哭，但到不了前三名就会哭。父母对此感觉很苦恼，孩子怎么会这样。

事后，通过剖析发现，乐乐考前三名时，父母不会说什么，甚至常常给他奖励。但乐乐哭时，父母不但不批评而且还会反过来加以安慰。孩子知道了这一规律，没有考好时就哭，以避免批评。

这是孩子自身对环境的一种适应反馈。对父母而言，给孩子制订不切实际的目标，等于给孩子立下了"军令状"，孩子如果达不到父母的要求，便会加大自身的压力，以至做出装哭的举动，而不是对学习的深刻反省。

要想解决孩子由于叛逆而敌视老师的问题，换句话说，就是要想自己的孩子在学校里和老师有很好的关系，能实实在在地学一些东西，那么就进一步看看孩子为何在学校里敌视他的老师。

首先，成绩差的孩子就像一个陪读。

特别是对那些成绩不好的学生来说，他们在学习的过程中缺乏动力。在初中一年级的时候，他们可能还想表现得好一些，至少可以给老师留个好的印象，但随着自己调皮本性的暴露，这种愿望很快就会破灭。这样，自己成绩不好又不能给老师留下好的印象，逐渐失去了向上努力的动力。

因此，孩子在以后的学习中感到自己什么也得不到，有些要学的东西对自己毫无用处，你想，孩子如果不想去应付考试的话，会不会解那一道方程式，这对他今后的生活又有多大影响呢？这时的孩子在学校里就会对学习彻底地放弃，加上老师也不会对他们有太多的期望与用心，他们坐在教室里也

就成了那些学习好的孩子的"陪读"。

第二，对孩子的要求不变化。

家长把孩子送进学校接受教育，开始时，所有的家长都有一个共同的目标，那就是希望孩子成绩优秀，能考上大学，然后找到一个好工作——所有的家长都一致地在这条线上要求自己的孩子，往往会忽视自己孩子自身基础的好坏，父母认为教育是"万能"的，即使自己的孩子成绩很差。这种做法没有错，家长相信孩子总是可以改变的，更赞成"只有差的教育，没有差的孩子"。可问题是，很多家长在面对孩子已经无法再提高水平时，仍然盲目地坚持对孩子原先的那份期望和要求。

现在人们都在提倡"因材施教"，但是，没有几个家长能真正对自己的孩子因材施教，在为孩子选择职业时，几乎很少有家长在孩子高中毕业之前，就为孩子的职业而"量体裁衣"。在学校里，老师的"因材施教"也只能从教育方式方法上实施，不能决断孩子将来干什么，虽然说在孩子的考试分数上，老师可以根据孩子的不同，对张三要求考 80 分而对李四要求考 60 分就行了，但最终对孩子的要求还是一致的：分数要考得更高一点。

这种对孩子的要求，看似各有不同，但如果叫孩子来回答他们父母对他们有什么要求的时候，他们给出的答案肯定都是一致的。

第三，班级环境使孩子压抑。

可以否定孩子的学习成绩，但不能否定孩子的智商。现在的孩子都是有想法的，他们在班级里，面对自己的境况更会有所思考。成绩差的孩子，从其内心上讲，压力来自于多个方面：老师的忽视与批评，家长的失望与埋怨，对前途的迷茫与恐惧……这些使孩子很是感到压抑，自身的状况又使得他们无法改变自己在班级里的压抑感。

因此，孩子敌视他的老师，要想使成绩差的孩子打消或改善这种逆反情绪，那么家长就要根据自己孩子的实际情况，及时地结合实际给孩子定一个明确的目标。家长要使这个目标犹如树上的桃子，孩子跳一跳就能够得着，因为离地面太高的桃子孩子会对它丧失信心。不要让孩子在一棵树上吊死，孩子不能上重点学校，父母就要求他上普通的学校；孩子实在不是读书的料，可以叫孩子做个司机或当个工人，因为各行业都需要人去做。俗话说"行行出状元"，如果你按孩子自己兴趣和实际水平去要求孩子，你的孩子还可能成为某个行业的状元呢！

贴心一刻

1. 对孩子说出你的期望。当你的孩子在学校里百无聊赖的时候，你明确地告诉他你对他的期望，这时在他的心里就会这样想："我努力一下，至少不会使我的父母失望。"当孩子有了可以实现的目标时，他自然就要从老师那里学一些东西，自己学的东西能直接给自己带来成就感的话，在孩子的心里就会觉得这是老师给予的，这自然就对老师多了几分顺从。

2. 你对孩子的期望不要漫无边际。家长对成绩差的孩子不合实际的要求，使孩子不能实现，孩子就会觉得自己在老师那里一无所获。可当家长结合实际给孩子定目标时，孩子就会觉得，自己学的那一点点东西对自己还有用，老师对自己不仅仅是批评，而且还有其它的"价值"，这样，成绩差的孩子就不再会敌视他的老师。

玩是必须的

写到这里，很多家长心里可能泛起了嘀咕，你不是在教孩子"学坏"吗？孩子天性爱玩，活泼好动，他们是喜欢自由玩耍的小天使。但他们在父母那里，常常被要求做这做那，大量限制孩子自由活动的时间，以致很多失去自由的孩子犹如霜打了的小草。教育孩子最好是适龄教育，不要改变孩子本性的活泼。否则，孩子如果都像成人那样，循规蹈矩，毕恭毕敬，岂不是教育的悲哀？

父母应给孩子足够的自由生活空间和时间，让孩子在活动内容、时间、地点和对象的选择上由自己自由控制、自由安排。

人生就像奔腾不息的流水，一旦错过，无可挽回。对于父母来说，就是尽可能地给孩子创造健康成长的条件和机会，给孩子一个满足其生长的足够大的空间。

郭强是从小玩大的。他爸爸非常喜欢运动，经常带他一起玩。一天的日程一般是这样度过的，早晨起来，爸爸带他跑步送到学校。下午放学后，爸爸经常带他到家后面的空地上踢足球。在周末，父子是标准的"野友"，登山、钓鱼等活动经常参加。

和爸爸玩得时间长了，他就慢慢喜欢上了运动。爸爸有时因事出差后，郭强就带着附近一群孩子在运动场疯玩。玩已经成了他的一项爱好、生活中的必须，锻炼身体的同时，他也感到了无限的乐趣。

在学校，郭强通常想方设法找一些玩伴，慢慢发展固定玩伴，然后结交新的玩伴。一直以来，郭强都是运动场上的核心人物，每天都有朋友玩得畅快淋漓。

渐渐地，郭强成了同龄人的"领袖"，在运动场一直活跃着他的身影，各种活动都凝结着他的奇思妙想。在小学、中学以来，他一直是学生会主席，他这种领导才能就是从运动中培养起来的。

玩是成长的一部分。在生活中，人应该先学会享受和休息，再集中精力学习和工作。这样才能感受生活与快乐的真谛。父母不应将孩子的全部精力用于学习，否则，往往事与愿违。

让孩子玩，与各种各样的孩子玩，这通常是锻炼孩子，既可以提高孩子对外打交道的能力，又可以增强孩子认识世界的能力。父母在一定范围内，应放心地让孩子去玩吧，让他们独立地面对和处理一些事情，这是非常必要的。如果把孩子看成父母的影子，生怕孩子在外有个三长两短，这最终会付出代价的。

特别是现在的孩子大多都是独生子女，他们的玩伴少，常常面对窗口一个人发呆，处理问题和自理能力普遍较差，这已经引起了人们的注意和重视。他们常常是任性而为，不尊重、体贴别人，缺乏自律意识，进入大学后，可能出现严重的社会不适应现象。当然，父母也不能任由孩子放任自流，应在准确地把握孩子思想和心理的情况下，了解孩子的需求，并提供相应的帮助。

贴心一刻

1. 学中玩。这是父母们认可的教育方式，学习累了，可以让孩子看一本陶冶情操的书或电视剧，以及让孩子参加感兴趣的活动。

2. 和孩子一起玩。父母和孩子在公园中玩的时候，边观赏景色，边介绍景色的特别之处，让孩子了解一些园林和林木方面的知识。

3. 鼓励孩子玩。父母如果看到孩子一味地钻进书里面，应让其注意休息和玩耍，在玩中开发潜能，拓展思维。

4. 把阅读变成玩。父母都知道，阅读对于孩子非常重要，同时又可以激发孩子的兴奋，赶走疲倦。

教孩子自主运用与学习知识

冯琳琳是小学四年级的学生，平时不爱动脑，不要强，也没有上进心，对什么事都不在乎，这让他的父母很伤脑筋。每天晚上放学之后，若不是妈妈到处去找，他会玩到很晚才回家，作业也不按时做。

父母平时很忙，可也抽出了时间来辅导孩子。孩子在家玩时，妈妈总会问："今天老师布置作业了没有？"孩子常常说没有，偶尔说很少，有时孩子甚至不说话。这时，妈妈总会习惯性地从孩子书包里掏出家庭作业本。

结果发现，孩子几乎每天都有作业。如果发现了，就得督促他赶紧去写。孩子有时趁大人不注意，就会看电视。妈妈知道孩子这个脾气，虽然正在厨房做饭，但是也会时不时地出来看一下。

如果发现他没有写作业，就会训他几句："快点写作业去，别看电视了，写完作业再看！"

吃过饭，妈妈常常盯着孩子把作业写完。尽管在妈妈的严加看管之下，琳琳的作业能按时完成，但是成绩一直不理想。妈妈着急上火，琳琳却一点不急。

妈妈暗下决心，一定要对孩子更加严格管教。以后，每天都看着琳琳写作业，除了监督他完成老师留的作业，自己还给他额外布置。经过妈妈一番严加管教，孩子的学习成绩提升了十六名。后来，妈妈的工作太忙了，没时间看管琳琳了，孩子的成绩一下子又滑下来。

例中孩子的学习得靠家长跟着操心，家长要在后面催促着，稍微一停，孩子就停止前进。孩子就像飞机，一个人无论有多大的力量，难以把飞机推上天，飞机想要起飞必须靠内部的动力装置，孩子的成长必须"安装"内部的动力装置，只有给了孩子足够的动力，孩子才能起飞。所以，让孩子学会自主学习非常重要，而不是靠大人来催促。

孩子如何才能自主学习，如何才能灵活地运用自己所学的知识呢？那就要掌握必要的基础知识。在社会中，大多的知识都依赖于基础知识，不论在任何领域，如果没有基础知识作为依托，再伟大再高级的事物都是毫无用处的。所以，对一个孩子来说，如果想有所作为，就必须掌握相应的基础知识，否则，他永远不会到达事业的顶峰。一个天才或想自主的孩子需要四项技能：

1. 准确词汇运用能力。

2. 正确语法和发音的天赋感觉。

3. 分析判断的思维能力。

4. 可以做几个小时工作（阅读、学习等等）的耐心。

上述技能直接依赖于孩子在人生早期所形成的对文学的爱好。自主运用、学习知识可以通过阅读看出来。一个孩子如果从没有耐心读完过一本书，他很少看报，当去图书馆的时候，他的目光只注意那些花花绿绿的杂志，这样的孩子不具备阅读的这种天赋。他们在课堂上从来没有过骄人的成绩，没有能力完成一件事情，特别是家庭作业，总是想方设法地逃避。

孩子自主学习、运用知识是从阅读开始的，让孩子养成阅读的习惯，对孩子今后自主学习会有很大的进步。可喜的是，现在的孩子有着良好的读书条件，甚至一出生就可以拥有许多精美的读物。所以，如果你能为孩子订一份属于他的报纸或刊物，那将是一件多么有益的事，而且越早越好。同时，孩子有了自己的报刊之后，要为他准备一个小报夹养成收藏保管自己读物的习惯，还可以增强孩子的自豪感。

同时，父母应在家为孩子创造良好的阅读环境，让孩子养成阅读的习惯。孩子在阅读上花的时间越多，就越聪明。即使每天花上一刻钟的时间，积累下来也是非常可观的。

一个真正具有自主天赋的孩子，其智力水平只高出平均水平一点点，因为他们喜欢阅读，所以能够顺利地通过基本的词汇和语法知识，能够在课堂上表现真知灼见，他们的未来正大踏步地迈向全国的各大学前进。

贴心一刻

在很多父母眼里，电视是一个坏东西，它总是把孩子的心挖走，让孩子不能更好地学习功课。其实，电视没有这些错误，错误的是孩子没有控制力，看了不该看的节目，占用了本应该做其他事的时间。

1. 不要彻底否定电视。电视不仅给孩子带来快乐，还丰富了他们的知识。在生活中不能接触的事情，在电视中可以看到、学到。

2. 利用电视学知识。当然，父母应该限制孩子看电视的时间，最好与孩子来一个协定，规定每天应收看的内容和节目以及时间。通过电视了解的事物，只是视觉上的体验，而不能全面的了解事物的来龙去脉，所以，最理想的方法可把孩子从电视引向阅读，在家中准备一些小报和相关知识，作为孩子看电视后的补充。

亲子阅读扩大孩子的视野

　　我家的孩子上小学二年级，学习成绩不错，但就是作文不行，拿到作文题目不知如何下手写。很多次，我让他在家看书，培养一下语感，拓展一下思维，但他不愿意。

　　他周围没有小伙伴玩，单调枯燥，总觉得没有意思，于是总缠着父母出去玩。老师经常和我说，要多出去让他和其他小伙伴多交流，多去大自然中去，否则，语言不能得到更好的交流，写作文时打不开思路。我的工作很忙，平时很少有时间带孩子出去，遇到这种情况，感觉束手无策，不知道该怎么办？

　　要想让孩子提高写作能力，一定要培养孩子的阅读能力。要想这样，父母首先自己要喜爱阅读，懂得阅读的方法，了解书籍的内容，这样才能正确地指导孩子阅读，用自己的行为潜移默化地带动孩子喜欢阅读。从而使孩子自觉自愿地去阅读。孩子养成了良好的阅读习惯，便会轻松面对写作。

　　现在，很多父母为教育孩子而教育孩子，为了孩子有一个好成绩或自己脸上光彩，常逼着孩子读书。结果，弄得孩子非常被动，总事与愿违。

　　孩子不读书，强迫不对，那么该怎么办呢？那就是给他营造学习的环境。父母如何营造和他一般的学习环境呢？那就是，父母要和孩子同学习，共提高，共成长。放下你的架子，一个流行的词汇就是亲子阅读。

　　但很多家长却不是这样，他们宁愿待在电视机旁，也不愿意陪孩子读书。总对孩子说："看电视影响学习，赶快去读书。"孩子离开了，拿过一本书，对父母说："你和我一块读吧？"父母往往不耐烦地说："去去，自己看，我忙着呢！"

　　这只说明了一个问题，父母由于各方面的原因，他们不习惯于和孩子一同学习成长，归根结底，父母对亲子阅读的认识度不高。

　　亲子阅读是家庭教育中的一项重要活动，既丰富了孩子的知识，又培养其阅读兴趣，而且还可以看出孩子的观点，进入对方的内心世界，加深与孩子的沟通，促进孩子的成长。

有的家长认为，自己陪孩子读书一点都不习惯，因为自己一拿起书就头疼，犯困。也不愿意陪孩子看一些儿童书籍。这其实算不上什么问题，不过是个态度问题，只要想做，相信这根本算不上难事，重要的是帮了孩子，提高了孩子的层次。需要注意和纠正的是，亲子阅读不是逼孩子读书，而是和孩子一起读书。

贴心一刻

1. 父母在生活中应该从我做起，养成自己良好的读书习惯。一个不看书的家庭，孩子也不会真正看书的，父母只有自己先读，孩子才容易受到感染，也能一心一意地看书了。对孩子来说，不仅培养了他们的阅读兴趣，又丰富了他们的生活。

2. 培养孩子养成阅读习惯。在初期，最重要的是要多读文章给孩子听，这样不仅可以延长孩子的有效注意时间，增加孩子的识字量，激发孩子的想象力，促进他们的情感发育，还可以培养他们阅读的兴趣。

3. 父母还要和孩子交流读书心得，了解孩子的内心世界，从而更好地教育孩子。现在，有关亲子共同阅读的宣传也愈来愈多，因为人们已经意识到它们的重要性。不论是父母，还是老师，都要想办法让孩子与书为伴。

让孩子插上理想的翅膀起飞

侯胜是一个高一的学生，多才多艺，被老师称为一棵难得的好苗子。因为，他可以画出美丽的画卷，可以弹出悠美的乐声，也可

以唱出迷人的歌声。很多老师都看好他。美术老师找他谈话了，他表示一定要画出名堂来；音乐老师找他谈话了，他表示一定要在音乐领域有所作为；数学老师找他谈话了，他表示一定要争取好名次。

以后的侯胜为了不辜负老师们的期望，他常常学习到深夜，一些时间用于学习美术，一些时间用于学习音乐，一些时间用于学习文化课。两年后，侯胜，这个多才多艺的学生却进了一所很一般的大学。用他自己的话说，自己贪心太多，眉毛胡子一把抓，如果把一个理想根植在心底，而不去做多才多艺的所谓完人，他的结局比这会更好。

例中的孩子能够听老师的劝解、主动学习，这是好的。但遗憾的是，他的学习没有重点，平均用力，导致精力过于分散，而最后没有进入更好的大学。孩子只有有限的精力，不能既想做牛顿，又想做巴尔扎克或莫扎特。例中的孩子本来可以考一个不错的重点大学，但他没有围绕一个重点目标发力，导致样样不精。

理想是人生的目标，是力量的聚焦镜。人生的理想对孩子是非常重要的，特别是对人生起决定作用的近期理想，它犹如一个大大的火药桶，蕴藏丰富的能量。家长所做的，是不作干涉，只作引导，做点燃理想的引线，让孩子顺着理想前进，自己在一旁一直观察着，以引导不偏离理想为前提，直到最后听到惊天动地的一声炸响为止。

有理想的人是可敬的，是不可小觑的。一个人如果执着追求自己的理想，就可以在某一方面做到专而博，于是就有了"任凭风浪起，稳住钓鱼台"的底气。理想是孩子的动力之源，任凭社会环境如何变化，一个有理想的人总可以成为社会的有用之才。没有理想的人遇到困难或关键问题时，就有可能退缩。

人的一生可以有很多理想，但在同一时期只能有一个为之奋斗的理想。理想可以使孩子放出智慧的光芒，发挥创新能力，产生很多的奇思妙想，产生自信，增强毅力，勇于尝试各种新的事物。理想或许不能使孩子成为科学家，但可以激起他们的自信心，使他们得到实践性的锻炼，进而成功地转身到其他行业里面。

作为唐宋八大家之一的柳宗元曾在书中讲过这样一个故事：有一个叫郭

橐驼的驼背，小时候得过佝偻病，但他非常会种树。他家的树要比别人家的长得快、粗、旺，结的果大，引来人们羡慕的目光。有人向他讨教种树的秘诀，他说，种树要顺应树木的天性，需要培土的时候培土，需要浇水的时候浇水，种好之后就不用多管它，任它按自己的习性生长。有的人植树，希望树长得又快又好，一天到晚，精心打理，还时常掐一下树皮，摇一下树根，看看它长得怎么样，这种过度爱偏离树木本身的习性，使其不能自然生长。

由树及人，父母应以科学的方式引导孩子树立崇高的理想。只需为孩子多创造自然成长的条件就可以了，比如，多接触一下社会、参与社会实践、参与家务劳动。这有助于锻炼孩子的能力，开阔孩子的眼界，促使孩子善于思考，不断探索前进的目标，直至成功。

贴心一刻

1. 帮助孩子立志。父母应激励孩子从小立下远大的志向，激发起孩子天生趋向成功的潜意识。父母可用小成功满足孩子的进步需求，再不断鼓励孩子进步，一步步迈向理想之门。

2. 培养孩子的爱好和兴趣。兴趣是最好的老师，也是理想选择的方向目标。所以，父母要根据孩子的喜好培养孩子的兴趣。

3. 激发孩子强烈的好奇心和求知欲。父母可通过外出郊游、课外阅读、上网等方式，满足孩子探索的欲望。

4. 引导孩子掌握各种生活技能。父母帮孩子进行生活自理，目的是锻炼孩子，勇于进行社会实践，提高情商，增强做事的能力。

5. 点拨和引导。理想的建立是一个循序渐进的过程，它的萌发到建立需要经过父母精心引导和呵护，一点点培养，一点点扶持。

第十一章 开启孩子最大的动力源
——给孩子进行情商教育

从长远利益考虑，让孩子从小适度地知道一点忧愁，品尝一点磨难，并非坏事，这对培养孩子的承受力和意志，对孩子的健康成长或许更有好处。

——东方

遗传可以决定人的智力，选择可以决定人的命运。智商差不多的我们往往靠人生的各种选择致胜，选择靠什么，选择靠的是意志、自信和激励等情商因素。

情商对孩子成长的重要性

杨红是北京海淀区某小学的学生，今年八岁，学习成绩不错，但这个孩子一遇到事情就会惊慌失措，不知道如何去办。

一次，她代表全班参加竞赛。在考试的前一天，老师给她一张粘有她照片的准考证，并告诉她说一定要好好保存，要不第二天就进不了考场。

同学们见她代表全班参加数学竞赛，还有准考证，都羡慕地挤过来看。

后来，她被老师叫去嘱咐一些注意事项，准考证就在同学们手中传来传去，可是等她回来时，学校放学了，同学们都回家了，她一见人没了，准考证也不知哪去了，吓得放声大哭起来。

老师发现后，以为发生了什么事，当了解这个情况后，老师说，你首先应该做的是，想办法去解决这件事。快去看看你的书包、其他角落里有没有。她翻遍了书包和教室的每个地方，一无所获。接下来，老师逐一给同学们打电话，终于有一个同学说他看完之后，随手放在自己书包里了。

一些孩子遇到事情常常六神无主，情绪化，不知怎么办。父母应经常教给孩子遇到一些常规事情的处理办法，比如要冷静应对，有条不紊地去解决。

情商又叫情绪智力，它是智商相对立的概念，主要指人在感情、情绪、信念和抗挫等方面的优秀品质。但现在的心理学家认为，情商的高低对一个人能否取得成功具有重大的影响作用，在一些情况下，甚至起着主导作用。

有的父母认为，孩子长大成功与否，起着最决定性的因素是智力、家庭背景等因素。其实决定孩子成功的关键而在于他自身，跟心理素质、智力因素和思维习惯等有关系。在竞争激烈的职场中，做得好除了自己的努力之外，还要有出色的人际关系以及遇到问题还要自信乐观。情商从来也没有像现在

这样被关注过，它逐渐被要求从孩子抓起。在很多国家，情商已经作为主要的课程之一，这对我们也是值得借鉴的。

这是因为，对于广大的孩子来说，每个孩子的智商都相差无几，这时，决定孩子能力的主要因素就是情商。对于现在的孩子来说，学习成绩远没有生存能力和长远的发展能力重要，这些能力与情商有着紧密不可分的关系。我们如何知道一个孩子的情商是高是低？虽然这不像打分数那样简单地测出来，但可以根据个人的具体表现来进行评判。心理学家们认为，情商高的孩子具有以下特点：

1. 具有很强的社交能力。

2. 性格外向，时常愉快。

3. 对事业执着而投入。

4. 正直善良，富有同情心。

5. 具有丰富的情感，但从不越界。

6. 宽容大量，与别人友好相处。

大多数教育专家公认，八成以上孩子的智商都是不分伯仲的，即差不多处在同一起跑线上，所以，孩子的成功因素重点落在了情商的高低上。情商则是通过后天培养训练而成的，三至十二岁的孩子是一个人性格塑造的最佳时期。这个时段又可分为两个阶段，即三到六岁的自信期和七岁到十二岁的目标与竞争期。在自信期，父母应注意培养孩子的自信心，探索求知的兴趣和乐观向上的心态；在目标与竞争期，父母要对孩子的意志力、竞争力、专注力和合作力等进行关注和培养。

贴心一刻

1. 培养孩子情商应从小开始。父母与孩子朝夕相处，是培养孩子情商的最佳老师，占尽天时地利人和的优势。

2. 把握孩子成长的脉搏。在孩子情商成长关键期内，让孩子的心智有所成长，对自己有所把握，这是我们广大父母可以做到的。父母应牢牢抓住孩子最佳成长期，使孩子成长的根基更牢靠。

唤回孩子的自信

班内有几个性格内向、沉默寡言的成绩较差的学生。他们其实身上有很多优点，在课上规规矩矩，按时到校，积极劳动。缺点就是很少与其他同学交流，说话极少，把自己的情感深深地压在心底。作为他们的班主任，我决定关心一下这些孩子，把他们蕴藏的宝藏挖掘出来。

我感觉这些沉默寡言的孩子不可直接硬说，说重了，容易刺伤他们敏感的心，说轻了，引起不了他们的注意，效果都不好。但他们这种性格不利于以后人生的发展，不利于在激烈的人才竞争中胜出。怎么办呢？

想了许久，我决定用写信的方式真诚、坦率地告诉他们，与他们做朋友般的交流。信发出去的第二天，这几个同学好像明白了什么，上课、做作业更加认真。到了周末放学时，常荣同学给我写了一封回信。我到办公室拆开一看："宋老师，我读了您写给我的信，高兴得哭了！这几年，您是唯一给我写信的老师，帮我树立起了自信心，看到了前方的希望，摆脱了各种各样的烦恼。曾经，我非常缺乏自信，害怕同学们评价我，害怕与同学们接触，心里有一种自卑感。自从看信后，我不再注意别人的评价，更不回避学习上的正常交流。因此，我要积极走出去，开放自己，与您及同学们相互沟通，共同学习，共同前进。"

从这些同学的反馈中，我知道，孩子是愿意进步的，这是帮助树立自信的一种好方法。

例中的学生也和其他学生一样，向往进步，渴望被别人理解，只是他们将自己埋藏得更深一些，害怕自己受伤罢了。例中老师调用爱的力量，采取写信的方法，无疑是一剂良药，将他们自卑、敏感的心灵得以调动，使他们

开放自己，开始展现自己的理想。

自信从字面上讲，即自己相信自己，包含了自己对自己作出肯定的评价。相信自己的孩子在态度和行动上是平衡和从容的，必将顺利地面对和跨越人生的各种困难。对孩子来说，从小建立起一种对生活的信心极其重要。

自信心是人一种十分重要的心理素质，无论是孩子，还是成人都是如此。孩子如果在小时候培养起自信心，将对以后的人生起着积极的作用。孩子一个肯定的念头可以帮助克服面前的学习难关，老师一个肯定的眼神就可以让孩子抬起头来，父母的坚定使孩子认为成功就在眼前。

自信心不是天生的，是在后天形成的。孩子自信心的练好练坏都将取决于孩子赖以生活的环境，这个环境或许是家庭，或许是学校。父母的自信和老师自信都可以传给孩子，这取决于父母和老师影响给我们的价值观。父母如果信心百倍，相信自己具有取得成功的能力，他的这种可贵品质将会传给他的后代。

相反，父母的悲观失望和一些行为也容易传递给孩子，使孩子自卑起来。

1. 父母包办孩子的一切。很多中国父母对孩子的衣食住行照顾得无微不至，越俎代庖，使孩子产生了很强的依赖性。结果，造成孩子生活上依赖、学习上被动、情绪上消极。父母这样做极不利于孩子的成长。孩子必须担当他生命里的责任，必须具有一定的开创性。父母的包办实际上扼杀了孩子的创造力，扼杀了孩子成长的机会。

2. 父母举止不当。父母往往是孩子的一面镜子，如果他们自己行为上不检点，比如，出言不逊、语言粗俗和搬弄是非等，孩子就认为这是正常的。

3. 轻视孩子。父母如果在孩子小时候轻视、忽略孩子，孩子就会认为这是正常的，在其内心就无法建立起自尊心。

此外，父母对孩子进行破坏性批评、当别人面批评孩子、常和其他孩子进行比较、强迫孩子做他不愿意的事等，这些行为都在剥夺孩子的自尊，使孩子丧失自信。那么，父母如何使孩子自信起来呢？

让孩子尝到小成功的甜头。自信心的建立需要成功的体验作基础的，孩子感觉自己成功的机会越多，自己就会越自信。比如，孩子学习成绩好，他对学习就越有信心，学习兴趣更加浓厚。

贴心一刻

1. 不拿别的孩子作比较。孩子如果自信心不足，父母千万不要常拿他和别人作比较，对于自卑、敏感的孩子来说，更是如此。父母的比较大多是盲目的，将大大伤害到孩子的自信。

2. 对孩子的期望不要过高。父母对孩子严格要求是对的，但凡事都有一个度，父母的高标准和严要求如果超过孩子的能力时，就容易使孩子受挫，从而打击孩子的自信心。

3. 帮孩子正确面对挫折。孩子受挫在所难免，甚至是很正常的事情。但孩子的心理承受能力弱，一次"失败"可能使他们灰心丧气，认为自己什么事情都做不好。父母如果这时多给孩子一些安慰、鼓励，可减少孩子的挫败感，使孩子吸取教训，总结经验。

走出浮躁

人人都渴望成功，每个人对成功都怀有一种急切的心态，但很多人并不看重成功本身，他们渴望成功后带来的滚滚财源和虚名威望。其实在追求成功的道路上，容不得浮躁心态。因为成功往往不会一蹴而就，而是饱含着奋斗者的汗水和心血，苦尽才能甘来。孩子的成长更是如此。

当孩子的某些欲望得不到满足时，他们越想得到，于是浮躁的心态产生了，做事情不仔细，比如阅读，不会静下心来看看书中的精髓，由于心不在书，所以一掠而过，书反而成了消磨时间的工具。做什么都浅尝辄止、浮躁难耐。

范小东上初一，出生在一个普通的家庭里，家境一般。他的父

亲对儿子要求严格，但管教方式简单粗暴，甚至常打范小东。而母亲态度和善，比较通情达理。

刚开学不久时，范小东因欺负同学就被老师批评。范小东不服，与老师顶嘴，而且老师刚说了几句，他就脸色发白，全身颤抖，当着全班同学大声吼叫："我根本就不怕老师，在小学里我与三个老师打过架。"

让老师生气的是，他上窜下蹦，把教室的门砸得啪啪响，面对这个脾气暴躁的小"老虎"，老师赶快把其父亲叫来了。范小东见到父亲，立刻就像乖乖的小猫一般，软了下来，一句话也没有，状态极其镇静，好像什么都没有发生似的。问题就这样解决了，范小东着实老实了一段时间。

又一次，上自习课时，范小东和一同学交头接耳，影响了其他同学自习，班主任批评了他。范小东干脆把自己课桌搬到教室的走廊里，说这样就不会影响其他同学了。当时，正在下雨，他自己去了操场跑步。老师叫他过来，他说要让自己精疲力竭就不会说废话影响同学了。

范小东喜欢的学科每次考试基本上都在90分以上，而且，他表现出色，思维敏捷。但对不喜欢的学科，老师在上面讲，他在下面做其他无关的小事情。老师如果批评他，他常常大发脾气，老师只好苦笑一下，继续讲课。

其实，范小东也知道自己的性格，但就是控制力太差，常常"身不由己"，受到刺激情绪马上失控。

例中孩子不服老师管教、严重偏科，非常情绪化。这其实是一个野马型的孩子，如果老师和父母把他"驯服"之后，他会大大释放"能量"，甚至取得意想不到的好效果。

孩子之所以陷入了浮躁的误区，原因就是失衡的心态在作祟。当自己不如别人，当压力太大、过于繁忙、缺乏信仰、急于成功、过分追求完美等问题出现而又不能得到满意地解决时便会心生浮躁。或者说，浮躁的产生是因为心理状态与现实之间，发生了一种冲突和矛盾。浮躁的基本特征就是急功近利、欲壑难填，形式上就是浮华，思想本质上就是不劳而获。更为严重的是，浮躁就像人生成功路上的毒瘤，而且它们可以互相传染甚至迅速蔓延，它使在这种特定背景下成长的一代人形成了某种可怕的人生观和价值观。

别说孩子，即使父母有时也是身不由己。父母时不时地在同浮躁作用着不屈的斗争，浮躁的危害很大，人有时甚至要用一生的代价去搏斗。其实一些所谓远大的理想也不是那么高不可攀，只是孩子太过浮躁，这使孩子的生活处于杂乱无序的状态之中。为此他们管不住自己，常常被浮躁所左右，结果是一无所获，只得悲壮地说，从头再来吧。

贴心一刻

1. 浮躁是一种坏心态。浮躁代表急功近利，欲望无限膨胀，导致做事混乱而无章法。在生活中，父母和孩子都不要有浮躁的心态。

2. 淡泊明志，宁静致远。这是三国时期诸葛亮的个人修身箴言，并影响着他的子孙们。伟人的名言能给孩子带来很多的启示和生活的实际意义。

自负的心理要不得

比尔·盖茨曾说："如果我们有了一点成功便觉得了不起，这是不可取的行为。然而如果我们为自己的成功自鸣得意时，有一个人来教训我们一番，那么，我们就可以称之幸运了。"孩子因为自负而带来不幸的话，很大程度上是父母的责任。

自负是在精神与心灵上的一种盲目。自负者的致命弱点是不愿改变自己的态度或接受别人的观点。自负者不知道接受批评即是针对自己的弱点提出纠正的办法，是改变过去固执己见、唯我独尊的形象的良药。

自负者的心里是满满的优越感，在一颗习惯了被欣赏与被感激的心里，自负成了理所当然的一种心态。可当自负的心被现实颠覆了的时候，带来的

就不仅是脸面上的尴尬，还有人生永远的痛。这就像有人说的那样：自负是人自己挖掘的一个陷阱，当孩子得意忘形的时候，常常堕入其中。自负的孩子往往自欺欺人，吞掉了苦果还要装出甜蜜的样子，自负害人，它甚至能夺走人的生命。

沈武两年前是以全省第一的成绩考入这所全国重点中学。进校后，学校领导、老师、特别是他的班主任，对他是重视有加。在沈武生活的小镇，他成了镇上人骄傲的资本；在学校里，沈武成为了全校闻名的人物，无人不知、无人不晓。

面对老师的宠爱、同学的羡慕以及一些人的吹捧，沈武有了飘飘然的感觉。他想当然地认为自己是最棒的，从此，他经常因为觉得老师讲课讲得不好而不去上课，也从不参加集体活动。他时常沉浸于武侠小说、言情小说的世界里。他自负地认为，自己这么聪明，对付考试是小菜一碟。就这样，虽然他从未在考试中掉队，但为人不容他乐观。在三好学生的人选中，同学们总是不会选他。自己得不到三好学生的荣誉，他就说别人只会死读书；自己评不上优秀称号，他就说别人只会溜须拍马、笼络人心。到了高三，学校两个保送上清华的名额自然没有他的份。他只有自己考上大学——这也是水到渠成的事，他自负地认为，自己是省第一，我不上名牌大学还有谁能上。

于是，他自负地向全班同学宣称，他要考上全国最著名大学。从此，他似乎是更加努力地学习了，无奈由于心态不正，他学习起来总是力不从心。

自负心理容易使人意志脆弱，经不起挫折和打击。在高三最后一次模拟考试公布成绩时，他的成绩突然掉了下来。第二天早上，人们在学校五层高的办公楼前发现了沈武的尸体，他的口袋里装着一份浸透了鲜血的遗书。他说："因为我知道自己再也骄傲不起来了，对我而言，没有了骄傲的资本就如同剥夺了自己的生命。"

在深深惋惜沈武年轻的生命的同时，更察觉了人性的深处的悲哀，也许沈武到最后也不知道是自负让他失去了生存的勇气，是自负剥夺他的生存的欲望。

一般地说，自负的孩子多具有某种先天优势，这使他们不能正确客观地评价自己，因而就得意忘形，目空一切。所以王尔德说："人们把自己想得太伟大时，正是显示本身的渺小。"自负者习惯沉浸于虚无的胜利幻想中，他们常常因为一次的成功就自我满足，眼前显现的永远是早已逝去的鲜花与掌声。把别人给予他们的荣誉看作是理所当然的，他们不能静下心来想一想如今自己都做了些什么，都收获了什么。自负的孩子总认为曾经的成功能长久，总认为别人一直会甘拜下风。所以，他们自视清高、目中无人，更有甚者非但自己不思进取，还伺机嘲讽别人的努力，这种扭曲的心理，最终会给自己导演出悲惨的人生。

贴心一刻

1. 不要过高评价自己。或许你有一定的潜力，最重要的是你要把它发挥出来，变成实际的能力和成果。

2. 做事之前要做正确估计。一件事如果你凭自己的能力非常吃力，很难达到，就不要去"硬啃"。

让孩子学会感恩和回报

父母教育孩子的目的，是让孩子为社会做出贡献，同时，为了满足需要而取所需。但是，生活中也有很多人总是索取，而不知回报，总是接受一切，而不懂感激。

孩子所需要的每一样东西，都需要靠父母或自己的劳动获取。只有懂得感激的孩子才有可能得到别人的友谊，才能引起别人的关心。孩子如果目空一切，就会以自我为中心，给自己和别人带来痛苦。一个不懂得感激的人，总把得到的都视为理所当然的，总会忽略别人的需要和善意，而牢记别人小小的过失和冒犯。这样的孩子痛苦大于快乐。一个内心缺少宁静的人，很难专注地做一件事情。

现在，不是生活在一个完美的社会里，社会的各个角落还存在不少问题。天灾的突然而至、家庭的不幸等都是像镜子一样反映到孩子天真无邪的眼里。而且，并不是每个家庭都高枕无忧，不是每个家庭都那么富足。幼小的孩子远离这些，等到有了意识、观察、判断等能力时，则需要父母的加以引导。

孩子上学前班时，一次放学回家，十分高兴。我问其原因，孩子骄傲地回答："今天老师给了我四个美丽的贴画，并奖励我一块糖果。"我于是问他："孩子，你知道老师为什么奖励你吗?"孩子说："我回答问题好，一天的表现很好。"我接着点拨他："人要有感恩之心，你今天认真听了课，这让老师很感激，所以她给你多贴了贴画，又给你糖果，这是对你表现好的回报。"孩子听了，若有所思，说："今后我要好好学习，也要回报她。"我点点头。

虽然，现在的文明高度发达，但很多地方脱离不了贫困、无知、残忍、野蛮，这些事情发生亲朋好友身上，就是不幸。当然，这个世界上，还存在许多罪恶的现实。但希望孩子不要用仇恨而应该用理智来看待这些事。因为，仇恨会吞噬一个孩子的心灵，蒙蔽他的头脑，使他永远失去安宁。要改变这种现状只能通过知识、感恩和爱，没有其他途径。

贴心一刻

1. 正确理解感恩。感恩是积极向上的思考和谦卑态度，它是自发性行为。当懂得感恩时，便会将感恩化做充满爱意的行动，实践于生活中。感恩的心就是和平的种子，因为感恩不是简单报恩，它是一种责任、自立、自尊，追求阳光人生的精神境界! 感恩是处世哲学、感恩是生活智慧、感恩更是学会做人、成就阳光人生的支点等。

2. 正确理解回报。谁言寸草心，报得三春晖。当我们取得成功时，应衷心地回报帮助过我们的人。特别是当他们生活困难时，更要向他们做出一些奉献，为他们分担一些事情，以回报他们的恩德。

以苦为乐

在苦难面前，不会感觉到苦，而以快乐的心情去面对生活中的一切，自己以一贯的态度对待生活中的酸甜苦辣，一直迎来幸福甜美的日子，以苦为乐是人生的一种境界。

据说有一个孩子，在人生中的岁月中屡屡不得意，一连碰了几次壁。这使他异常灰心，于是他找到一个先知老人，他把自己的苦衷一古脑地倾诉给了老人：

"人活着其实就是受苦，亲情不是很可靠，友情也是这样。爱情同样是这样，做什么事情都有如攀登悬崖峭壁一般，受苦的日子什么时候才是尽头呀？"先知老人默默地听着，对着他的脸观察了半天，然后不紧不慢地说：

"事物自有定数，当你30岁的时候就会好转了。"

孩子听了，脸上掠过一丝喜色，说："到了30岁时，我是不是会苦尽甘来，得到自己应得的人生的一切呢？"

先知老人说："估计你的情形不会有太大的变化，但你的心理会有很大的变化。那时，你就学会以苦为乐了。"

这则故事告诉我们：生活中的苦和乐都是相对而言的，关键自己是以什么心态去面对，长期的幸福或痛苦都会使人变得精神麻木和感觉上的迟钝。

其实，生活中幸福和痛苦界限不是那么太明显。即无所谓幸福，即使是痛苦也无所谓痛苦。人生不可能一帆风顺，要学会以苦为乐，即使在顺境的时候也要常给自己找些苦吃，特别是当自己处于艰苦的时候，再被动地吃些苦头，似乎并不是那么容易。即：由穷日子享受富裕的日子，好适应，但由富日子到过穷日子就难得多了。

生活中的人们常常爱吃苦瓜，把苦瓜嚼到嘴细细品味着那阵阵苦感，似乎有一种别样的滋味和乐趣在里面，知道苦瓜苦过之后，给人们带来的食欲

的增加，去火消毒以及清心明目等功效。苦在前，苦过之后带来的是身体的舒适。

有的人一天到晚喜欢做着重复的工作，如果给他一份新工作，哪怕是一些简单轻松的工作，他们也会一百个不愿意，他们喜欢过周而复始的单调生活，……其实，这些人有些可悲，不喜欢生活带来的变化，哪怕是一点点，也会引起他们的不安，创新和突破与他们无缘，他们不喜欢动脑改变发展，只是被动地做着自己的工作。一旦环境改变，则会让他们尝尽苦头。有的人只喜欢新鲜的感觉，刚开始工作的时候，他们由于自己处于一个新工作环境中，干得富有动力和乐趣，但时间一长，就会发现工作中的人处于不同的地位和关系，人人都承担着自己的角色，而觉得自己变得越来越苦了，工作再不如以前有动力。于是，感觉越来越坏，最后，完完全全地生活在了自己设计的苦洞里。

其实，以苦为乐是一种人生的境界，它与自己的见识、环境的变化和自己的修养等都有关系。

有一位潜能开发专家说过："一个人如果热心于他的工作，激起自己的兴趣来，即使工作枯燥无味或者说负荷繁重，也不会觉得辛苦。而一个专等别人督促他工作的人，永远不会有出头之日，他还会受到无穷无尽的苦，甚至连生存也成了问题。"所以，家长们有事可做的时候，是幸福的时候，好好珍惜自己手中的工作或事业，看似苦海无涯的同时，还蕴藏着大量转机的机会。

贴心一刻

1. 没有一种不幸，能与失掉时间相比了。生活中，苦可以成就我们，让我们时时保持昂扬的斗志，不断获得新的突破。我们要让孩子认识到，生活中的苦是正常的，最重要的是努力克服。

2. 以苦为乐。就是说我们的孩子对待生活应有"苦行僧"的态度，只有这样，孩子才能取到真经。清苦的生活可以让我们静下心来，仔细地研究生活。以苦为乐，让我们耐得住寂寞，才能等来黎明的光明。

让孩子看到他人的长处

孩子瞧不起亲戚，他也会瞧不起很多人。孩子瞧不起人，自然有他瞧不起的理由，当然这种"理由"就是在孩子的内心中自己有优势可以自持。这种优势的自持，有的是来自孩子本身的优秀，有的是来自家庭的富裕。

人都有优势和劣势，一个正常的孩子，他在对待自己优势和劣势的时候，会有一个平衡的心态，这就是不卑不"狂"。当这种优势和劣势在一个人心中失衡的时候，那么他就会表现出狂傲或自卑。所以在纠正孩子孤傲的心态时，父母要想办法来削弱孩子心中的那份"优势"，使他在心里没有自持的筹码。

削弱孩子那份"优势"来平衡孩子心，有两种方式：一是用孩子的"劣势"来"中和"孩子心理的优势。但这种效果不是很好，这就像一个利器的一头很是锋利，为了减少它的危险性，应把它的另一头尽可能弄得钝一点。可在利器锋利的一头伤人时，利器的钝的一头不会减弱锋利那头强大的攻击性。因此，在不能除去利器锋利的情况下，要想削弱其攻击性，只有提高利器所攻击的对象的防御能力。所以，平衡孩子心的另一种方式就是使他认识到他人的优势。也就是说，在孩子的心理上缩短他认为其他人与他的差距，还要他认识到他所轻视的人的优势。这样，才能彻底解决孩子因自负而瞧不起人的心态。

刘定自小学习成绩就很好，在家时生活自理能力也强。孩子长得也帅气，他不仅有一张人见人爱的娃娃脸，而且能画一手好画，小提琴也拉得不错。他素质的发展比较全面，这使他倍受家长和老师的宠爱，而且还很受女孩子的崇拜。

刘定从小学到现在的高中，一直享受着这样的待遇：他在学校是个受同学欢迎的人，学校校长看着喜欢，班主任老师更是视他为班宝；刘定回到家里，爸妈更是把他捧为掌上明珠，对他宠爱有加。

对于班级来说，班主任十分高兴能有这样一个能干的学生，所以也一直都很重用刘定，班里的事都让他管，可渐渐地刘定却养成了自负心理。刘定越来越自命不凡，和同学之间的矛盾也越来越大了。在和同学的交往中，父母常常会听他说这个同学"是笨蛋"，那个叔叔的儿子"能力差"。面对同龄人的进步和成绩，他不是摇头就是撇嘴，这种举动的意思十分明显：没人能比他更好了！也许正是刘定的这种心态，引起了很多同学的不满，在刚进高三时的一次全市三好学生竞选时，他落选了。当时，刘定很难接受这个事实，回到家后大发脾气，把以前所获得的一些奖品、奖状都扔到了垃圾箱里，他用这种方式表示对落选的不满。

可怕的是，在这关键的时刻，刘定的成绩也下降了。原因是刘定想用"轻松"的学习方式向同学展示自己的"优异"和"与众不同"，但没想到自己的"轻松"却成了在学习中的"放松"。

骄傲自负和看不起别人，是许多优秀孩子的通病。在刘定的身上典型地表现出了这种高傲的心理。他平日里总是唯我独尊，身边的同龄人没一个他能看得起。他在瞧不起别人的同时，往往也看不到自己的缺点，更看不到别人的优点。在班级里也正是这种原因，以致于大家才不愿选他当三好学生。

教育这种孩子，最好是引导他们意识到他身边人的优点，使他自己感到有改正自大的必要。刘定父母的做法是：不是对刘定的缺点进行逆阻，而是创造一定的条件和机会，使他看到其他孩子的优点，从而促使刘定反省自己：自己的优势有多大？当他意识到自己所谓的优势是自己的一种自大时，他就会产生羞愧难当的感觉，进而痛改前非。在他认识到自己错误以后，父母再启发他明白"寸有所长，尺有所短"的道理。

不久，他的语文老师布置了一片作文，题目叫《父亲的爱》，他写了以后并没有得到老师好的评价，而班中有一位平时较为调皮的同学的文章，老师倒把它当作了范文，还读给全班人听。这让刘定很不高兴，回到家里仍然像往常一样发脾气。

他的父亲知道情况后，想借这个机会教育一下自己的孩子，当他看到自己的儿子在生气的时候，故意说："老师可能不是很公平，明天你把那两篇文章都带回家，我来给你们评评谁的好。"

第二天，当父亲看完两篇文章后，父亲拉着他的手告诉他："做人不可以太过于骄傲，每个人都有自己的长处和缺点。今天这位同学的文章写得比你好并不稀奇，因为每个人都有自己的优点。"接着，告诉他：三好学生的落选并不是因为他水平不够，而是他太过自负。如果同学选他，他就会把当三好学生看成是一种炫耀，这无形中是对其他同学的一种贬低，所以同学们才不会选他。

刘定听后，只轻轻地说："我知道了……"。果然，在那以后刘定就变了，变得乐于与同龄人交流，变得能虚心地听人建议，更变得乐于助人了。是父亲使刘定在生活中实实在在地看到别人的优点，这也使孩子看到自己了的缺点，这种教育方式令孩子心服口服。

当孩子能看到他人优点的时候，这就淡化了自己心理的优势。换句话说，面前的人在自己的心中有了"优势"，谁还会再瞧不起呢？这种"平衡孩子的心"的办法，会从根本上解决孩子的自大心理。

贴心一刻

1. 三人行，必有吾师焉。孔子曾经说过，一块行走的三个人中，就有一个老师。父母要让孩子虚心向别人学习，以丰富自己。

2. 多看别人的长处。每个人都有自己的长处，这也是我们需要学习的地方。父母应教育孩子，多学习别人的长处和强项，以弥补自己的不足。

培养孩子的善行

几天前，北京某中学曾对 50 位学生进行过一次调查："如果有

同学欺负你，你应怎么办？"结果，有超过半数的孩子一致认为"揍他"或"拼了"。有的孩子受父母影响，他们认为人在社会上就是要厉害一些，绝不能受一点窝囊气。

现在，孩子普遍存在狭隘、自私、唯我独尊的心理，而不良社会环境的熏染和错误的家庭教育方式，又助长了青少年的心理问题，甚至促使青少年走上违法犯罪的道路。

孩子在学校里横行霸道，从表面上看，他是受着环境的影响，其实，一个孩子行为的好坏，是与他内心的潜在品德有关。显而易见，一个善良的孩子，他在学校里是不会欺负人的，同样地，父母要想孩子变好，他就要多培养孩子的善行，因为善良作为一种美德，它在孩子从坏变好的过程中起到很强的促进作用。

一个好孩子，应该是品德好、身体好、学习好的人。父母在教育孩子转变的时候，主要的教育方向不仅仅是要纠正孩子的行为，更要培育孩子拥有良好的品德——善良就是良好品德重要的一部分。孩子从思想上转变了，他的行为也会随之发生变化。因此，面对一个拉帮结派的坏孩子时，父母培养孩子的善良和纠正孩子的行为是同样的重要。

培养孩子的善行，首先父母要学会肯定孩子的善意举动，不要因为孩子平时表现不好，就去把孩子的一切都否定掉，我们要发掘出孩子的闪光点，对孩子做的给予表扬和肯定，这样孩子就会继续他们的"善行"。所以，就是孩子给他人帮了微足不道的小忙，或者他替别人着想了，父母都要及时地夸赞孩子的举动，因为正是孩子的这些行为的缺少，才导致孩子在学校里拉帮结派、横行霸道；如果孩子做的不好，比如在学校以强凌弱，父母就要使孩子认识到这样不好，同时要表现出对孩子举动的遗憾，但不能因此去打骂孩子。

当然，在学会赞赏孩子的善行之外，父母还要为自己拉帮结派的孩子创造能赞赏他善行的机会，对于一个表现不好的孩子来说，他可能平时没有什么令人赞赏的"闪光点"，因此父母对孩子这方面的创造就更显得重要了。父母应该分三步对孩子进行培养：

第一步，要孩子知道一个人怎样才能变得善良，为什么善良是人都赞赏的品质。父母可以在一些比较特殊的场合下，像说家常一样告诉自己的孩子，要他知道所有的人都喜欢善良的人。同时，父母要向孩子讲一些友好待人和表达善意的简单办法，使孩子懂得，自己的善意也能使自己获得莫大的快乐。

第二步，对于一个"坏"孩子，父母更要为他营造一个亲切、友爱的成长环境。父母要以一种开明的方式来教育孩子，同时，要给孩子营造一个友善、友好的家庭氛围。父母要在孩子面前友好地对待面前的人，其中包括家里的亲戚、朋友、同事、邻居等，还要常常去帮助他人，以此来给孩子树立榜样。孩子在这样的环境熏陶下，就会自然地养成对人善良友好的品德，这是从更深的层次去改变一个拉帮结派的孩子。

第三步，多为孩子创造表达善行的机会。孩子实施了一件善事，别人肯定会以友好的方式加以回报他，这样，孩子就会感到他人友好相待的快感，这是在学校难以感受到的。通过孩子善行的举动，孩子就懂得了与人为善是多么地令人快乐，这样，就会在潜移默化中改善孩子在学校里的行为。因此，不妨给孩子一些表达善行的机会，如有意叫孩子帮助他人、善待小动物等，孩子就能从中体会到感激，并感受到自己善行的快感。

贴心一刻

1. 注意自己的言行。父母是孩子第一任老师，父母的一言一行是孩子模仿的对象。所以，父母先要在生活中行善，孩子的善行是离不开父母培养的。

2. 培养孩子的善心。一个坏孩子，父母要从根本上去改变他，就要在孩子的内心培植一份善良，孩子有了善良的品行，他的行为也就不会恶毒到那里去。因此，一个在学校里拉帮结派、横行霸道的孩子如果有了善心，就不会再去欺负其他的孩子，不会辱骂他的老师，不会敲诈勒索。因为善行使人萌生善心，善心能驱除人心中的邪恶。孩子有了善心，他就会变得温顺听话，这也是很多善良孩子的共性。

不要太敏感

每个人都要做一个真实的自我，由于人们对于事物的观点看法不一，就会有千千万万分歧存在，你不必要求别人能够和你保持一致，这时，你不必过于敏感，更不要将自己的想法强行套在别人的头上，否则，你就是一个在意这、在意那的人，所有的问题将会把你弄得焦头烂额。

生活中，有一些人，有着极强的自尊心，特别在意别人对他的一言一行。别人说错了，他也会耿耿于怀，自己做过的事情，他也会给自己编出一些理由来：我是不是做得太过分，是不是自己太无用了，……于是自责、悔恨和不安将自己常常弄得闷闷不乐，怕别人对自己失去信心，怕自己落后等。

方鑫，今年七岁。这个孩子与一般的小朋友不大一样，遇到丁点大的事情也争论个没完没了。

在学校里，仅有两三个孩子偶尔和他有来往，其余的孩子一般不喜欢和他一块玩。

据老师反映，方鑫是一个非常细心的孩子，一般不需要老师操心，但他非常敏感，批评别的孩子时，他只要感觉到自己做得不太好也会脸红。在家里，他背古诗没有爸爸背得快就不高兴，甚至会掉眼泪。

父母说到哪个孩子表现好时，他往往就会撇嘴，而且会说："我哪样比他差？"等之类的话，而且非常生气。还有，孩子如果在学校受到批评了，回到家一脸的不高兴，老是想着不愉快的事情。

例中孩子在生活中过于敏感，在其以后的人生易经受挫折，心理承受能力差，想不开事情。面对这种气质类型的孩子，家长应当言行谨慎，对孩子多一些积极性的评价，尽量不要给以消极的评价或随意吓唬孩子，要多鼓励、表扬、赞赏，增强他们的自信心。

一些心理学家认为，做人虽然不能没有自尊，但很多时候，是过于敏感，一些毫无根据的胡思乱想把心情弄得糟糕透顶。而且心理过于敏感的人，在人际关系中，会不可避免地遇到很多生活的阻碍，没有一个人会跟一个敏感的人做朋友，最重要的原因在于，失去理智的他们会被人们看作不正常，会徒增很多的烦恼。

一些领导在开会讲话的时候，如果看到下面的人"窃窃私语"，自己有时会浮想联翩，认为自己开会讲的不好，或者说自己的意见受到不公开的挑战。要想自己活得快乐，少一些烦恼，就必须克服人际交往中存在的敏感心理，做一个宽容、大度的人。

当开玩笑时，不能太认真，很多的时候不妨给自己找到一平衡点，找到了一条出路，否则，你就有如神经质那般一样，会被生活的重担所压倒。来自生活中的一些评价，对自己很重要，但起本质作用的还是自己。否则，自己就把自己彻底地给打倒了。还有，对于从别人嘴里说出来的东西，没有必要过于在意，不妨就事物的关键就事论事，反之，就会影响自己的工作情绪，影响到自己工作的进度那就不好了。所以，当看重事物的同时，也不妨豁达一些，对别人是这样，当然对自己也是这样。

对于生活中的一些感知和看法，不要过于敏感，不要过于偏激，更没有必要想得过多，其实事物远没有想像得复杂。

贴心一刻

1. 父母不要过于敏感。敏感的结果会失去理性，失去理性会使父母不明辨是非，而且还会被淘汰出工作或事业的圈子，即做不成大事。机会历来都是给那些明智的人的，机会历来都落到那些群雄逐鹿的英雄们。

2. 不刺激敏感的孩子。对于敏感的孩子，父母要善于引导，给孩子讲清事物的道理和应遵循的原则，使孩子明白客观的状况，改变敏感的性格。需要注意的是，父母平时不要有意无意地刺激敏感的孩子，以防影响他们的性格。

选择快乐

有一个叫刘莎莎的女孩，性格内向，遇事特别爱哭。一次，在我所带的语文课上，要求学生听写生词，但结果很不好。为了引起同学们的重视，我念了听写较差学生的名字，让他们听到后过来领本子，重新听写。当我叫到她的名字时，没有人答应，也没有过来领本子。

大家都朝同一方向望去，只见角落的她正趴在桌子上，或许不好意思了，我没有多说什么，就把本子放在她的旁边，继续念其他学生的名字。

很快就下课了。同学们都去吃午饭了。我走到她的旁边，发现她在轻轻抽泣。

"莎莎，昨晚忘了家庭作业听写了吧？不过，以后注意就行了。"我安慰她说。

她连头都没有抬，仍旧轻轻地啜泣。旁边的同学说："老师，她每次都是这样的。"我心想，这样脆弱的学生还是第一次见到。

到了晚上，我批改作业的时候，发现刘莎莎的作业还是不错的，我在本子上给写了一个大大的"优"字，并写下了一句话：人生路上不会一帆风顺的，请选择人生。

批改刘莎莎的作业时，发现一个小纸条，上面写着"'人生路上不会一帆风顺的，请选择人生'老师说得真好！我以后不能遇到一点小小的挫折就受不了，我要保持良好的心态，积极面对，谢谢老师。"

老子说，祸兮福所倚，福兮祸所伏。在挫折、灾难或厄运降临的时候，人们务必要保持乐观精神，而不能被悲观的心态所俘虏。每个人左右不了外部的世界，但是，可以把握住自己的心态。把握住了自己的心态，也就拥有了一个美丽而安宁的精神世界。古希腊哲学家艾皮克蒂塔有句名言："一个人的快乐与幸福，不是来自于依赖，而是来自对外界运行规律的追求。"

作为一个乐观者，应尽量把烦恼和忧愁从自己的心中排除出去，这样就可以做到每一分钟都过得有意义、有价值。乐观的人常常自我感觉良好，对失败有点可贵的"马大哈"精神。父母对事情的态度，可以决定是否快乐。抛弃悲观消极的情绪，选择积极乐观的心态，才能做快乐的主人。

一个人要过得快乐，最主要的是来自心理的选择。一个人有了这种良好的心理，成功就不会得意忘形，失败也不会痛苦失态。如果父母用这种平和的心境来对待生活，那么在做每一件事，都会形成一种自觉、一种快乐，就不会觉得那么累了。

贴心一刻

1. 别盯住事情消极面。把注意力盯在与别人友好和善上，把愉快、向上的事串联起来，由一件想到另一件，你就可以逐步排遣自怨自艾或怨天尤人的情绪。

2. 不要制造人际隔阂。别人在背后说自己的坏话，或者轻视、怠慢自己。结果你又多了一个人际屏障，那当然也使你整日诚惶诚恐，不知他在背后又要搞什么。

3. 学会躲避挫折。遇到情绪扭不过来的时候，不妨暂时回避一下，转换转换情绪。如果你能跟随欢乐的歌曲哼起来，手脚拍打起来，无疑，你的心灵会与音乐融化在纯净之中。

培养孩子的意志

孩子为什么需要意志？为什么要锻炼刻苦精神？答案是孩子的前途和成功。一个孩子如果要想有所成就，就必须在生活中不断地学习和实践自己的能力，磨炼自己的意志，做人生的强者，以提升自己的人生价值。

在奋斗的过程中，孩子必然要承受很多的障碍，甚至是苦难。实际上，每个人只要活着，就必然承受生活带给的压力和对挫折的抗争。

有个女孩从小就聪明漂亮，乖巧伶俐，经常得到父母、老师和同学们的夸奖。这个女孩特别爱好音乐，家长发现她这个特长之后，就送她到音乐班学习，打算把她培养成音乐家。

因为擅长音乐，在上学时，每次班级有文艺表演，都会有这个女孩的音乐节目。考上大学后的第一年，班上组织新年晚会，她同样报了音乐节目。但在彩排时，组织者觉得时间超出了预期的范围，就要求缩短她的节目时间。每次晚会时，她的音乐都是重中之重，是被隆重推出的节目，这次让她缩减时间，她不同意。在僵持不下的情况下，组织晚会的同学就将她的节目取消了。

当大家正在高高兴兴地一起看晚会时，她气得跑回寝室里，一个人痛哭不已。当时，同学们都在看晚会，也没有人注意到她。她觉得自己被冷落了，非常生气最后竟在宿舍割腕自杀。

还好，被同学发现后，送到医院抢救过来。出院后，她再也不愿回到那所学校，父母一看没办法，只好将她悄悄地转到了一所民办学校。

所以，家长应该培养孩子坚韧的心态，面对挫折和打击，能够理性对待。说到挫折这个词，相信大家并不陌生，它存在于不同年龄段的孩子，它是孩子人生的必修课。挫折就像弹簧，你弱它就强，你强它就弱。孩子如果在生活中表现出强人本色，挫折将很快从你身边溜走；相反，孩子如果惧怕挫折，挫折立刻会张狂不已。所以，孩子应从小进行挫折教育。

美国一位儿童心理专家曾经说过："孩子的童年如果过得非常安逸而自在，在成年后，往往常有很多不幸围绕。如果学会培养孩子的意志，孩子就会面对挫折持一种积极乐观的态度。"

现在的孩子一般都置于家庭和学校的温室之中，其自立和自理能力特差。孩子如果长期生活在父母的羽翼之下，替他们遮挡一切风雨，那他将永远不知道暴风雨的残酷，甚至经不起一个小小的打击。父母只要在生活中稍微注意一下自己，不包办孩子的一切，给他们一个遭受挫折的机会又如何呢？

另外，父母应在孩子学习和生活中有意识地给孩子设置一些障碍，有意识地让孩子受一下难为，对孩子以后的人生会有自己的应对经验。让不让孩子承受挫折教育，父母具有直接的责任，他们只要在生活中，把牵着孩子的手放松一下，就可达到这个目的。最可怕的是，在父母畸形爱的情况下，父母剥夺了孩子尝试事物的机会，也等于剥夺了孩子犯错误和改正错误的机会。

总之，孩子在人生中遇到挫折是不可避免的，父母要一定注意引导对待挫折的态度。孩子产生消极和抵触情绪时，父母应及时的给予积极的鼓励和肯定性的评价。以增强孩子直面挫折的勇气。而且，父母还要做好相关的安全工作，帮忙孩子分析受挫的原因，找到问题的症结所在。同时应及时勉励他们正视现实，勇于进取。孩子面对挫折，需要家长做引导，但引导的前提一定是正确无误的。

贴心一刻

父母如何给孩子受挫的教育机会呢？下面的措施将对您十分有益：

1. 为孩子创设受挫的机会。父母可有针对和有目的地策划好，让孩子去尝试，以提高孩子的适应能力，增加韧性。当然，这个受挫绝不超出孩子本身的心理负荷。

2. 磨练孩子。在寒暑假时，父母可以让孩子从事攀岩等之类的活动，目的是增强孩子对困难的心理承受力。不要小看了这个活动，它对孩子非常有效，甚至会持续孩子的一生。

3. 树立抗挫的意识。做事情，可事先预计将要发生的可能，以及各种可能发生时的应对措施。

4. 正确引导孩子。孩子生存引导，这在他们看来，无异于学习本领。父母所充当的角色应是一种积极的引导者。

让孩子学会激励自己

我的女儿梁佳今年上小学六年级，可学习成绩一直处于下降状态，这让我这个当妈的挺着急。我们自己有一套教育女儿的方法：我们对她从没有表扬过，赞美更不用说了，主要怕她"得意忘形"、"不知东南西北"、"给点阳光就灿烂"。

有一天，客人来我家玩，看着在一旁乖巧文静的女儿，情不自禁地夸奖她："这孩子真文静、乖巧。"我连忙插话："乖巧什么，甭提有多淘气啦！有时气得我发抖。"女儿每每听了这话，脸上马上晴转乌云，径直赌气走到自己卧室去了。我则不管不顾，心想还反了你不成？

时间久了，女儿有时自言自语："我是不是一个好孩子？不是！不是！反正不是好孩子了，学与不学有什么差别？"孩子在以后就经常玩个昏天黑地，被我教育时，常常顶回一句"我是坏孩子，坏孩子就应该是这个样子的。"

孩子的成绩越来越差，两个学期下来，竟落下二十多名来。我见来硬的不行，便来软的。女儿无所谓地说："你们反正不喜欢，我也不是一个好孩子，学与不学没有什么区别。"听了她的话，我气得半天说不上话来，今后该如何教育她呢？

一般来说，赞美话谁都爱听，尤其对于孩子来说更是这样。例中的孩子是一个正常的学生，具有很多其他的优点，但父母却吝啬赞美孩子。更让孩子难堪的是，父母常当客人的面批评孩子，行为则有些过。生活中，父母都知道自己孩子的优缺点，要赞美孩子的长处，调动起孩子的自信心，让孩子变得开朗起来，逐步发掘自身的潜能。

在征服的路上，不可能一路鲜花相伴，路程的枯燥和艰辛常常使一个人不自觉地停下脚步，从而与成功无缘。只有靠意志的坚定和不断激励自己，才能克服一个又一个的困难，最终到达胜利的彼岸。当然，意志不坚定的人往往仅凭一时的热情，热情过后，犹如落山的夕阳，再也没有往日的激情。因此，有一位特级教师这样说过："孩子的失败不是被其他同学打倒的，而是被自己打倒的。"

一个成绩较好的孩子如果认为自己考大学的希望十分渺茫，那么，他再也不能考上大学了，因为他已经放弃自己的努力，尽管他的基础较好；一个成绩一般的孩子如果认为自己一定考上大学，并付诸实际行动，不断激励自己，那么他很可能将金榜题名。这是因为决定孩子的不是环境，而是自己的心态和目标。

成功永远属于不断奋斗者，教会孩子自我激励是非常重要的。当孩子处于逆境之中时，激励可以使孩子从困难和逆境中振作起来。美国哈佛大学教授威廉·詹姆斯通过研究发现，一个不受激励的人做事情，仅能发挥其能力二三成，但他受到激励时，其能力可发挥到八九成。即，一个受到激励的人，其作用是激励前的三四倍。

有了激励，即使身处逆境也不会过于焦虑，激励引发出来的火焰足以燃尽大部分问题。

对于孩子来说，真正的力量不是来自外界，而是来自自我的精神激励，这正是父母所教给孩子。平时，父母应培养孩子"我可以做成某事"的信念，去除"我不可能做成某事"的消极意识，然后在行动中，化作积极主动的自我激励。

贴心一刻

1. 激励孩子。父母要在平时多激励孩子，给其建议性的鼓励，使他能够集中于自己目标，并进行自我激励。让孩子产生一种良好的自我感觉，孩子的自我激励也就产生了。

2. 挑战自己。孩子面临困境时，父母一定要激励孩子，勇敢而无畏，正视困难，挑战自我。

第十二章 让孩子走向自立

——家务劳动铸就好习惯

> 明智的父母都知道:抚养孩子的最终目的是帮助他们脱离我们的生活。要学会生活中的任何事情,唯一的办法是开始去做。保护孩子最有效的办法是让他们学会自己照顾自己。形成习惯比学会技能需要更长的时间。
>
> ——帕特丽夏·斯普林科

　　在家务上,父母不应把孩子看成是自己的心肝宝贝,不妨看作是军队里的士兵,不要一味地找借口去推卸,他们没有非得喜欢,也没有必要过后要得到什么好处。孩子做完家务后,父母不必一味地夸奖,最忌的是没有分寸,否则,孩子每次完成任务都会期待赞赏。

家务劳动的意义

约翰在四岁就开始帮妈妈打扫屋子，在从幼儿园开始，就开始担当老师们的助手，帮助老师组织各种活动。现在，一放学回到家，约翰就帮妈妈打扫屋子。周末，妈妈为约翰准备了很多活动，约翰总是乐呵呵地参与。

一次，约翰在学校搞破坏，毁了很多椅子、凳子，受到停乘校车一周的处罚，孩子只好每天步行上学。有人问他的母亲为什么不用家里的汽车送他上学，孩子的母亲坚决地说："不，他应该对自己的行为负责！"

在美国，这只是千万家庭中的一个缩影，很多父母都把家务劳动当做锻炼孩子的法宝，常常有意识地交给孩子一些任务，锻炼孩子独立做事的能力。随着孩子年龄的增长，父母要逐步教孩子自己的事情自己做。做之前提出要求，家长要鼓励孩子认真完成。孩子遇到困难，家长可在语言上给予指导，但是一定不要包办代替，让孩子有机会把事情独立做完。孩子好奇心强，什么都想去摸摸、去试试，但是随意性很强，做事总是虎头蛇尾或有头无尾，所以交给孩子做的事情，哪怕是很小的事情，家长也要有检查、督促以及对结果的评价，以便培养孩子持之以恒、认真负责的好习惯。

在实际生活中，很多父母发现，有的孩子成天帮家母干活，天赋不是聪明异常，生活也是辛苦得不得了，但他们最后却以坚强的毅力取得了出色的成绩，甚至超过了那些一心扑在学习上的孩子。

现在，父母都非常重视孩子的学习，认为这是孩子成长必备的本领。其实，家务劳动就是一个很好的大课堂，更需要孩子去体验，去领会，去学习。不让孩子从事家务劳动，父母就相当于剥夺了孩子生活知识的教育。其实，家务劳动这个大课堂里面有很多孩子成长的奥秘，孩子在这里可以学到生存的技能，在以后的人生和学习中可以起到事半功倍的作用。具体来说，家务

劳动对孩子的成长具有以下好处：

1. 锻炼孩子的身体协调能力、动手能力和思维能力

孩子的身体处在一个不断发育的过程，而家务劳动正好适合了孩子这一需要。经常劳动可使孩子身体协调能力不断增强，而且有助于培养孩子的动手能力，并促使孩子思维能力的提高，增强对事情的分析、判断和安排等逻辑思维能力。

2. 增强孩子的社交能力和合作能力

孩子在家务劳动中，与父母或兄弟姐妹共同为了家务而努力，相互沟通，分工协作，最后整体完成目标。这锻炼了孩子与人合作技巧和沟通技巧，增强了孩子的团结精神和意识。家务使孩子懂得了家务的繁重与琐碎，切身体会到父母终日辛劳的不易，从而会更加体贴父母、孝敬父母，给家庭带来欢乐和谐的气氛。

3. 有助于开发孩子的智力

孩子在家务劳动中，双手和双脚得到了锻炼，一定程度上有益于开发孩子的智力，激发孩子的创新能力。而且，孩子在劳动中促进新陈代谢，调节大脑疲劳，促进大脑发育。同时，孩子在家务劳动中会得到一些做事和做活的启发，有利于培养孩子的想象力和创造力。

4. 有益于培养孩子的责任意识

家务劳动让孩子感觉自己作为家庭团队中的一员，具有一定的负责权利，从而让孩子明确自己的家庭义务，变得更加勤快。

贴心一刻

1. 创造发生在生活细微处。生活处处蕴藏着宝藏，纵观世界上的许多重大发现无不是在生活中所创造出来的。

2. 家务劳动可以帮助孩子提高生存技能，引导孩子展开思考，开发大脑，不要怕"累"着孩子，让他们多参与，他们往往会乐此不疲。

让孩子学会自立

随着现代教育的越来越发达，孩子的素质不断得到提高。自主、自立等都是现代好孩子的要求。同时，一个具有自立意识和能力的孩子，成长得更快，他适应了社会的要求，也是自身发展的需要。一个自立的孩子往往可以在社会中把握机遇，往往能够克服目标中的困难，直至取得胜利。

什么是自立？自立就是自我生存的意识和能力，不依靠别人、靠自己的努力来提高做事的品质，它要求现代人追求良好的品格，包括自立意识和自立能力。而两者又是相互影响、相互促进的，树立自立意识，以促进自立能力的提高，反过来，有了自立的能力，会在生活中不断增加自立意识，从而在生活中更加自立。

对于一个正常而健全的人来说，自立是他们必备的素质，也是他们在社会立足的根本。

据说，香港首富李嘉诚非常注重孩子的自立能力。李嘉诚的两个孩子不依靠父母生活，而是依靠他们自身的努力为自己的事业打下坚实的基础，练就属于他们的一项硬本领。孩子很小时，李嘉诚就让孩子旁听他们的董事会，培养他们的商业思维，会后，让孩子自由表达自己的见解。孩子从父亲那里学到诚信的优良品质，提高自己分析问题解决问题的能力。后来，两个孩子以优异的成绩考入美国斯坦福大学。

很快，两个孩子都以优异的成绩毕业了，但李嘉诚没有让孩子在自己的王国里做"太子殿下"和"贝勒"，而是给他们一点钱，让他们"自由发展"。在这个过程中，两人都曾遇到过困难，他们曾找父亲帮助，但被父亲断然拒绝。

李嘉诚的不近人情，反而让两个孩子树立了勇敢坚强和不屈不挠的良好个性，最后，兄弟完全自立，而且也都很有名气。这对现在的富家子弟来说，

是一个很好的教育素材。特别是对那些娇生惯养的大学生来说，是一个极佳的生活教材。

人们生活的最终归宿都将是独立的，都将离开父母，走向风险与机遇的社会进行独立生活。孩子如果缺乏自立的能力，就会不能适应社会或在社会中人云亦云，没有自己的东西。这是非常可悲的，遗憾的是，很多父母都在犯着这样的错误。

贴心一刻

父母把做人的道理和生存的本领毫无保留地传给孩子，这是给孩子的最大财富。孩子一旦掌握这项要领，其事业和前途就会无法估量。同时，要想让孩子自立，要注意以下几点：

1. 克服孩子的依赖心理。依赖父母是一种消极的心理，会影响到孩子的独立人格，制约孩子的自主性和创造性。

2. 树立孩子自立的意识。平时，父母应让孩子明白，父母不可能陪伴子女一辈子，自己的路还得自己的走，所以，在这个过程中一定要学会自立。

3. 让孩子独立完成家庭作业。孩子在做家庭作业，父母不应给孩子过多地提示，更不应在为之代笔。

成长的好习惯从家务做起

曾经，犹太是一个颠沛流离的民族，在不断地迁移中发现，物资对他们而言，已不是最重要的东西，教育才是他们最重要的东西。如今，杰出的犹太人遍布世界各地，他们精明，有着聪颖而敏感的头脑。他们和大多数华人一样，非常注重孩子的教育，而让孩子做家务又是教育最重要的部分之一。

犹太教义认为，行动胜过任何美妙的言语，人通往圣境的途径存在日常活动之中。他们认为生活就是做和学的过程，注重从做的过程中活用自己的知识，发现灵感。对他们来说，单单靠书本知识是远远不够的，他们的一位先知曾经说过："任何智慧超过善行的人，我们可以把他们比喻成什么呢？可以比喻成枝干繁多但根系很少的树木，大风一吹就将连根拔起，然后应声倒地。"这位先知认为，人不能仅仅通过祈祷、重体力活和别人皆知的善行来处世，更应该通过日常生活中的点点滴滴，比如刷牙、清理垃圾、打扫卫生、做饭、清洗碗盆等小事入手。没有哪件事是琐碎或低贱的，只要用心，都可以发现和神性的潜在联系。下面是一则犹太故事：

美名大师曾经担任伊兹哈克的个人助理，一次，他给伊兹哈克端来了咖啡，并倒进了他的咖啡杯里。等伊兹哈克喝完之后，美名大师便开始收拾咖啡壶、杯子和勺子，并拿到厨房冲洗。伊兹哈克的儿子看见了，就问美名大师："高尚的人啊，我想知道，您侍奉我的父亲，为什么要这么麻烦地去收拾空盘子呢？"

美名大师告诉他说："把勺子拿出圣堂，乃是赎罪日当天大祭司侍奉工作的一部分。从此之后，收拾餐桌就被视作是敬奉上天的一种卓越行为。"

犹太教义提倡，教会孩子游泳是父母的基本责任，目的是为了让孩子长大后离开父母。父母如果认为孩子太忙而无法在家务活上浪费时间，就要想想以后父母不在身边的情形，那时谁会帮孩子洗衣、做饭呢？那时的孩子将无法适应生活，现在，有很多孩子具有很多精巧的科技才能，但缺乏普通而实用的生存技能。

一位老师谈起他在课堂上发生的事情：老师要求每个孩子把大瓶子里的水倒进碗里，但是竟没有一个学生自愿起来倒水。这时，老师纳闷了，一想才知道原来孩子不会倒水，于是说道："你们知道怎么倒水吗？"孩子都摇了摇头，竟然都没有做过。真让人感觉不可思议！他们不会倒水，但这位老师却敢肯定，他们曾经在上幼儿园时，已经学过如何倒水了，只是后来在家里缺乏练习。

原因在于孩子不再有机会从事"倒水"这种事情，在家里，父母早已把水给他们准备好了。在孩子稍大一些时，很多父母埋怨孩子太懒散、娇惯，

甚至有些呆笨，不能帮父母做活。但是，这种事的始作俑者却是父母自己，他们先前没有花时间教孩子熟练地做家务，常常以为孩子做不好，不如自己动手来得容易。

那些为了疼惜子女而不让孩子做家务的父母，其实并没有给孩子带来好处，他们是在用自己眼前的好意而透支孩子未来的成就。在现实生活中，重复性的工作和家常作业，就像奖励和赞赏一样常见，如果让孩子从这些活计中逃脱，实际就是在削弱他们生活的适应能力。

贴心一刻

1. 家务是孩子形成良好生活习惯的基础。一个经常做家务的孩子如果发现地上有垃圾，他就会不动声色地把垃圾捡进垃圾桶里；一个经常做家务的孩子如果发现地上脏了，他立刻会拿扫帚把地打扫干净。

2. 家务是锻炼孩子能力的最佳课堂。俗话说，一屋不扫，何以扫天下。让孩子做家务可以促发其灵感，以更好地活用自己的知识。

扫天下从扫屋开始

犹太教是犹太人的信仰，它的可贵之处在于对人的教育，而不是一味地上帝的旨意之类。它的核心在于人要从小事做起，从生活的最寻常处做起，而且，还有团队合作的重要性。这一切，仅仅从字面上理解是远远不够的，它强调的是要做出某种正确的行为。

对于孩子来说，既需要学习各种技能，又要具备做善事的素质以及善于承担责任的意志。孩子通过从扫屋等基本家务照料自己并帮助家人，完成自己最初的善行。做家务具有非凡的意义，它既可以培养孩子的责任感，又可以培养自己的生活技能。经常做家务的孩子具有较强的自尊心，因为他们懂得这既是父母的爱护，又能满足家人卫生和生活的需要。

　　我的孩子十五岁，读初三，为了他的学习，我们不让他做任何家务。一次，我由于单位加班没能按时回家。当时心想，孩子毕竟是十五岁的中学生了，应该可以解决吃饭问题。即使不会做，也可以在外面买点吃的，不至于会饿着。接着，忙工作也没有多想。

　　晚上回到家，看到孩子脸上很难堪。知道他还没有吃饭，于是问他：怎么不去买点吃的？他却回答我：我不知道哪里有吃的卖，又不会做饭，只有等着你们回来了。这件事让我感到很是吃惊，不知道怎么办？

这与父母的教育有着十分密切的关系。独生子女的家庭中，往往是几个人围着一个孩子转，孩子们学会了衣来伸手，饭来张口。虽然孩子们已经具备了做事的能力，可是家长们一味地包办代替，剥夺了孩子单独行动的权利，造成了孩子们独立解决问题的能力逐渐退化，遇到问题不会处理，一筹莫展。

普通的家务有助于培养孩子的人格和精神素质。在生活中经常做家务的孩子，长大以后，通常可以经常面对各种复杂困难的挑战。这是人可以从日常生活中的琐事中发现无限的潜力，并看出家务与社会其他事务的内在联系，即触类旁通。

让孩子做家务的关键是让孩子养成习惯，对孩子的生活会有很大的帮助。但很多父母发现，孩子并不热衷于做类似的事情。父母大多会选用赞美和激励的方法，强化孩子的好习惯，开始这种方法可能很有效，但孩子的新鲜感过后，他们可能又要重蹈覆辙了。

针对孩子长期的抵制之后，很多父母可能就此卡壳了，他们不知拿孩子如何是好。尽管很多父母教育孩子不再"动手"打屁股，采取"面壁思过"的办法，但这种方法父母得一直盯着，可能没有这么多闲工夫。也有一些父母于是采用正面激励孩子的方法，把家务活变得生动有趣起来，不断给孩子找乐，但让孩子感觉的是除逗乐之外，没有其他价值。父母用尽了各种办法，终于筋疲力尽了，只好草草地放弃。

做家务其实就是一种习惯，它不需要太多的理由和创意，但很多父母对

做家务的意义表示了怀疑：家务活真的那么重要吗？孩子在家打扫卫生和上特长课一样重要吗？很多父母当然倾向于孩子上特长课，这其实就是问题的焦点。

那为什么还要不厌其烦地给他们分派任务呢？父母对孩子所要求的家务越少，双方就会有越多的自由时间和相安无事的平静局面。都说家里的小男孩和小女孩是无法承担家务责任的。为了赢得这场家务攻坚战，你需要仔细琢磨这些说辞，你会不会下决心坚持给孩子分派家务活，你会不会有足够的执行力来确保子女完成这些家务活。

贴心一刻

1. 一屋不扫何以扫天下。对于领导和勇敢者来说，"扫屋"是通往辉煌的开端，也是开启生活智慧的源头。

2. 真理往往在最不起眼处。很多父母往往认为奇迹总藏匿在艰难险阻中，未必如此，很多机遇往往潜藏在日常最不起眼的生活中，比如，家务劳动。

孩子为什么很少做家务

姜小萌在一所中学读初二，在家里备受父母宠爱。他的家境不错，父母不让他做所有的家务活，除了学习之外，几乎包揽了他的一切，对他提出的各种要求，父母也是尽量满足，只要儿子高兴就行。小萌如果在外面闯了祸，总有父母出面摆平。

常常无所事事的小萌性格非常叛逆。一次，他把教室的窗帘点燃了，险些酿成火灾，班主任和校长狠狠批评了他。小萌哪里肯受得了如此委屈，事情发生后再也不想上学了。他认为，不上学可以打工、做生意。可他习惯了由父母代办一切，自理尚难，甭说其他了。因此，他的父母很担心，后悔对他太娇惯了。

例中孩子缺乏责任心，在学校闯了祸，却依然觉得自己没什么大的过错，其父母错误的家庭教育难辞其咎。大多数的爸爸妈妈经常对孩子这样讲："孩子，我们不需要你为家操一点心，只要你做个好学生，将来有所作为，我们再苦再累也心甘情愿。"然而，父母长辈不让孩子为家操一点心，实际上就是剥夺了孩子的责任心，没有责任心的孩子，将来又怎么能有所作为呢？

可以肯定的是，让孩子做家务，很多父母往往都持赞赏和鼓励的态度。但效果却不是像他们想象得那样好。通常，父母们会选择某天教孩子做家务的要领，并让孩子牢牢记住，或者，有的父母只是在表面上提醒一下孩子，要做家务等之类的话。面对父母的这种要求，孩子总会点头同意，表示遵守。

但是，孩子果真做到了吗？当然没有。因为聪明的孩子都有揣摩父母心思的能力。孩子表面答应父母的时候，并不是出于认真，而是应付。表面提醒孩子的父母相当于没说一样，孩子过后就忘。

造成孩子这种表现的原因在于我们模棱两可的态度，有人可能心里嘀咕，父母为了孩子会模棱两可吗？难道不希望他们养成做家务的好习惯？这看起来不可思议，其实却是真实的情况。父母左右摇摆的态度来源于多种方面，比如，时间的压力。比如，一位家长说，孩子每晚的功课特别多，他一放学就开始写作业。以致于孩子没有时间吃饭。妈妈只好把孩子的晚餐往餐盘上端。

然后，孩子吃饭和做作业同时进行，而且他们一直会忙到深夜。中途，父母会起来帮孩子盖上睡衣，催孩子快点睡觉，养精蓄锐，攒足精神以应付第二天的到来。可第二天早晨，父母得赶紧叫醒还有些困意的孩子，并帮他们着装，甚至整理书包。

可见，这些孩子根本没有时间做家务，即使没有繁重的家庭作业。父母的心态也十分复杂，他们对孩子做家务睁一只眼闭一只眼，认为自己做家务做得更好，更彻底一些，而且省去了很多的其他麻烦。父母往往认为孩子毛手毛脚，容易打破家里的东西，少添一些紊乱。

另外，父母似乎有干不完的活，忙于各种事务或社交活动，而为子女做得少之又少。另外，有的孩子生活在拥护和压力很大的环境里。为此，父母感到很内疚，便想表明自己爱意和亲情，于是为孩子帮忙收拾，或不让孩子做自己不喜欢的事情，却常常帮了倒忙。

在生活中，如果父母真的期待并要求孩子担负起责任，就可能不需要再跟他们唠叨。但由于父母所处环境的特殊性，则可以有意识寻求唠叨和提醒以给孩子带来亲密感，而导致原因丧失，使孩子一直依赖于父母。

贴心一刻

1. 父母不要包办家务。很多家庭从不让孩子插手做家务，认为孩子年龄小，常常把屋子弄得乱七八糟。

2. 鼓励孩子做家务。很多父母认为做家务是低人一等的表现，这是极端错误的。不做家务，不去换一下大脑，这是非常可悲的。

安排家务活动行动计划

开始安排孩子做家务并监督他们做完，是一件非常繁重的工作。面对孩子做得一塌糊涂的"杰作"，父母将有操不完的心，这让父母很受挫，这也是父母最为伟大而可敬的地方之一。

"我五岁的儿子总是把房子弄得一团糟"，一位母亲说，"当我问他为什么没有整理自己的物品时，他常常借口说'我不舒服'、'我不会'、'不好整理'等之类的借口。而且，孩子总要我做一些简单的事情，他口渴了，经常要我给他倒水喝，玩累了，便让我替他收拾玩具。倒垃圾时需要我陪伴，因为他一出门就害怕，还不如我自己倒省事呢。"

实际上，让孩子接受责任，就成了父母和孩子之间的智力较量，尽管很多父母不承认这一点，他们有着必须让孩子不做事的道理。这其实正中了孩子的下怀，总之，万事开头难，孩子刚开始做家务，需要父母的指导。对父母来说，应合理安排家务和协助孩子执行的活动计划。

父母如果一味地给孩子高调宣布"家里必须如何如何"，对年幼的孩子来说并不奏效。不必大张旗鼓。比如，让孩子一放学回家就放好书包和身上多余的衣服。这样可以让孩子不必为找这些东西而手脚忙乱。一位母亲是这样做的：

"凯华，你回家第一件事就是要放好这些东西，而且不需要我的提醒便这样做好。这样，你就可以自由地使用电脑了。"母亲说。

"妈妈，我如何才能不让你提醒呢？这个我好像做不到。"儿子急切地说。

"那你自己想办法。"母亲坚决地说。

儿子在一旁冥思苦想，过了一会说："那就在门后把手上挂着我心爱的玩具小熊吧，一看到它，我便想着这么做。"母亲点头同意了，果然奏效。

以后，孩子将这形成习惯，母亲便每隔一段时间让孩子做一些新的家务。

贴心一刻

1. 把孩子看做家中重要的一分子：把孩子看成家中重要的一员、二员或多员，这个家庭需要每个家庭成员的付出才能正常运转，那么，孩子就应该承担一定的家务。

2. 让孩子按照自己的方式做：交给孩子一定的家务，意味着他们要享有一定的权利。比如，允许他们按自己的方式做尝试的机会，要多给孩子一些时间，以便让他们从错误中走向成熟。

3. 兑现承诺：父母可能要求孩子做好家务后，根据表现，给予孩子一定的奖励之类。这个奖励不必是物质，最好是某种权利。对此，父母要说到做到，这是让孩子听话的关键。

父母如何给孩子分派家务

做家务对孩子的成长有益，这是不可动摇的，父母要相信这一点，不要迟疑，更不要前后不一，左右摇摆。父母看到小小的孩子做家务，可能于心不忍，但一想到做家务对孩子有好处，就完全消除心中的疑虑和内心的矛盾了。

很多父母知道了这一点，便十分期盼给孩子分配有意义的家务。有一个家庭是这样分配家务的：

> 这个家有四口人，爸爸、妈妈、哥哥和妹妹，他们每周进行一次家庭会议，会议内容包括所有家务都要责任到人，包括：喂养小狗、去附近超市买菜和打扫卫生等等。
>
> 如果一周过后，家人过得快乐，感觉温馨，工作和学习效率倍增，说明家务做得非常有效，父母就拿出两百元钱来庆祝。它可以是美餐一顿，还可以是一次愉快的旅行等等，而且针对个别家庭成员奖励，奖品是孩子必要的食品和购买玩具等等。

有的孩子清理餐桌，或把衣服放进洗衣机内，似乎平淡无奇。其实不是这样，孩子通过劳动，获得了相当的成就感，这正是父母极力要给予孩子的。但对家中繁杂的家务，属于孩子的又是哪一部分家务呢？

有的父母不知道把什么家务交给哪一个孩子身上，心理有疙瘩，各年龄段的孩子应该担负哪些有意义的家务？一般来说，年龄较小的孩子可以打扫厨房和客厅地板，十多岁的孩子可以让他们自己洗自己的衣服。随着年龄的增长，孩子担负的家务越来越重要。比如：浇花、擦桌子和洗碗等等。总体来说就是，给孩子安排家务是一个长期连续的过程，随着孩子的慢慢长大，父母应给派越来越重要的家务。

孩子如果做出来的活"惨不忍睹"时，父母对此不必介意，孩子无论做什么都有一个学习的过程，或许孩子没有按照你的要求来做，你也不要过于急躁。对于孩子来说，做事是一个熟练的过程，在跌跌撞撞中，孩子终会做得好，做得完美。

重要的是，父母要相信自己的孩子，给他机会，让孩子从实践的过程中学习真知。同时，父母要给孩子分派一些力所能及的家务，不要低估孩子的能力。时间一长，父母就会惊讶于孩子做出的成绩。

在分派任务的过程中，可以告诉孩子："对于所做的家务，可以选择。不论如何，要确保家务按时保质保量完成。"面对孩子的良好表现，你可以抓住最好的时机，对他或他们说："谢谢你（你们），你（你们）做得都很周到，都很棒！"

贴心一刻

1. 放权。随着孩子年龄的增长，所做家务的增多，父母应给孩子赋予更大的权限。

2. 激励。一些传统方法是，父母常常用奖励的方法加以引导孩子做家务：他们对年幼的孩子通常采用"好吃的水果、干果和蜂蜜"进行激励孩子；他们对青少年期的孩子常常以"漂亮的衣服"来进行激励孩子。

3. 纪律。当然，并不是每一个孩子都令父母满意地执行了家务，这就需要强有力的纪律措施来进行约束他。

4. 执行。孩子在做家务时，自觉与否，做得如何，彻底与否，对孩子的影响很大。

5. 态度。给孩子分派家务，态度要和善，实事求是，而且要在孩子看来是清楚而果断的。